혼자 해도 프로 작가처럼 잘 쓰는

아이패드 캘리그래피

with 프로크리에이트

이용선 지음

KB201388

HB 한빛미디어
Hanbit Media, Inc.

지은이 **이용선**

10년 이상 전문 캘리그래피 작가로 활동하며 배떡, 이제우린 소주 등의 브랜드에서 메인 캘리그래피를 작업하였으며 까르띠에, 샤넬, 겔랑, SK-II 등 다양한 브랜드와 윤하, 딘딘, 몬스타엑스 등의 앨범 타이틀 캘리그래피도 작업하였습니다. 저서로는 《내가 봐도 괜찮은 캘리그라피 쓰는 법을 하나씩 하나씩 알기 쉽게》, 《누가 봐도 괜찮은 손글씨 쓰는 법을 하나씩 하나씩 알기 쉽게》 등이 있습니다.

유튜브 〈캘리바이 tv〉 채널

블로그 blog.naver.com/calli_byryan

인스타그램 www.instagram.com/calligrapher_ryan

혼자 해도 프로 작가처럼 잘 쓰는 아이패드 캘리그래피 with 프로크리에이트

초판 1쇄 발행 2023년 05월 10일

지은이 이용선 / **펴낸이** 김태헌

펴낸곳 한빛미디어(주) / **주소** 서울특별시 서대문구 연희로 2길 62 한빛미디어(주) IT출판1부

전화 02-325-5544 / **팩스** 02-336-7124

등록 1999년 6월 24일 제25100-2017-000058호 / **ISBN** 979-11-6921-102-4 13000

총괄 배윤미 / **책임편집** 장용희 / **기획·편집** 유희현 / **교정교열** 박은경

디자인 최연희 / **전산편집** 이소연

영업 김형진, 장경환, 조유미 / **마케팅** 박상용, 한종진, 이행은, 김선아, 고광일, 성화정, 김한솔 / **제작** 박성우, 김정우

이 책에 대한 의견이나 오탈자 및 잘못된 내용에 대한 수정 정보는 한빛미디어(주)의 홈페이지나 아래 이메일로 알려주십시오.
잘못된 책은 구입하신 서점에서 교환해 드립니다. 책값은 뒤표지에 표시되어 있습니다.

한빛미디어 홈페이지 www.hanbit.co.kr / **이메일** ask@hanbit.co.kr / **자료실** www.hanbit.co.kr/src/11102

지금 하지 않으면 할 수 없는 일이 있습니다.
책으로 펴내고 싶은 아이디어나 원고를 메일(writer@hanbit.co.kr)로 보내주세요.
한빛미디어(주)는 여러분의 소중한 경험과 지식을 기다리고 있습니다.

저는 제가 쓴 글씨도 알아볼 수 없을 정도로 글씨를 못 썼습니다. 어렸을 때 제 글씨를 본 사람이라면 제가 글씨 쓰는 일을 직업으로 가질 것이라고는 상상도 할 수 없었을 겁니다. 저는 글씨란 것이 연습을 통해 충분히 좋아질 수 있음을 몸소 경험했습니다. 더군다나 지금은 더 쉽고 빠르게 연습할 수 있는 도구들도 많죠.

요즘에는 여러 이유로 종이에 펜으로 글씨를 쓰는 일이 줄어들고 있습니다. 동시에 디지털 기기를 사용하는 빈도가 늘어가고 있죠. 그렇다면 디지털 기기에 글씨를 써보는 것은 어떨까요?

"이 비싼 걸로 유튜브만 보다니….."

"사면 다 할 수 있을 줄 알았는데….."

"따라 하는 사이에 다음 단계로 넘어가서 못 따라가겠어….."

위와 같이 고민하는 분들을 위해 이 책을 준비했습니다.

아이패드 필수 앱인 프로크리에이트를 조금 더 쉽고 편하게 다룰 수 있도록, 또 멋진 글씨를 쓸 수 있도록 돕겠습니다. 기기를 다루는 것이 서툴러도, 글씨를 쓰는 데 자신이 없어도 괜찮습니다. 글씨 쓰기에 가장 좋은 도구인 아이패드와 프로크리에이트를 제대로 쓸 수 있도록 쉽게, 누구나 따라 할 수 있게 구성하였습니다. 천천히 따라 하다 보면 하나둘 내 손으로 완성되는 캘리그래피 글씨와 작품을 보며 즐거움을 느낄 수 있을 것입니다.

그럼 이제 우리 함께 시작해볼까요?

이용선(캘리바이)

LESSON : 기초부터 시작하기

작업을 수월하게 해주는 프로크리에이트 설정 방법과 기본 조작 방법을 배워봅니다.

TIP

캘리그래피를 쓰다가 막히는 부분이나 더 알아야 하는 부분은 TIP으로 안내합니다.

LESSON : 캘리그래피 기초 익히기

한글과 영문의 캘리그래피 기초를 학습합니다. 글씨를 쓸 때 각각 주의해야 하는 점과, 조금 더 쉽게 캘리그래피 글씨를 쓰도록 기초 노하우를 알려줍니다.

한글 캘리그래피 연결하기 - 니, 노

글자 '니'와 '노'를 한 획으로 쓸 수 있도록 연습하면 한글 캘리그래피를 쓸 때 다양하게 활용할 수 있습니다. 한 획으로 이 두 글자를 완성할 때 주의할 점은 '니'의 세로 획들과 '노'의 가로 획들이 서로 평행하다는 점입니다. 일정한 속도로 기울기를 생각하며 완성합니다.

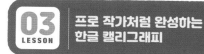

이렇게 완성한 '니'와 '노'는 획을 더 추가해 다양한 형태의 자형으로 만들어낼 수 있습니다.

LESSON : 한글 캘리그래피 쓰기

캘리바이의 글씨 쓰기 설명을 따라 본격적인 한글 캘리그래피의 글씨 쓰기 연습을 시작해봅니다. 캘리바이의 브러시, 레이어 조작 방법과 함께 글씨를 완성해보세요.

준비 파일

실습에 필요한 준비 파일을 제공합니다. 글씨를 쓰기 위한 여러 가지 가이드 파일과 예제 파일을 확인해보세요.

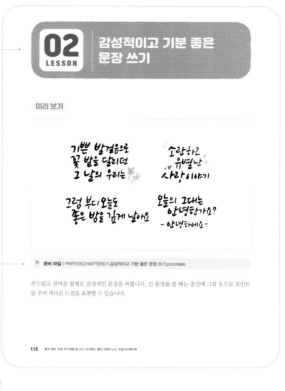

02 LESSON 감성적이고 기분 좋은 문장 쓰기

미리 보기

📂 **준비 파일** | PART03\CHAPTER01\감성적이고 기분 좋은 문장 쓰기.procreate

부드럽고 귀여운 필체로 감성적인 문장을 써봅니다. 긴 문장을 쓸 때는 중간에 그림 등으로 포인트를 주어 색다른 느낌을 표현할 수 있습니다.

01 LESSON 잡지 스타일의 영문 문장 쓰기

미리 보기

📂 **준비 파일** | PART03\CHAPTER02\잡지 스타일의 영문 문장 쓰기.procreate

100쪽에서 학습했듯이 가이드 라인을 활용하여 기본적인 영문 알파벳 쓰기 방법을 연습할 수 있습니다. 본격적으로 문장 형태의 영문 캘리그래피를 쓸 준비가 되었다면 과감하게 연습해봅니다.

LESSON : 영문 캘리그래피 쓰기

캘리바이의 글씨 쓰기 설명을 따라 본격적인 영문 캘리그래피의 글씨 쓰기 연습을 시작해봅니다. 한글과 차별화되는 영문 캘리그래피의 특징을 생각하며 글씨를 완성해보세요.

LESSON : 디지털 캘리그래피

디지털 캘리그래피 작업으로 아트워크를 제작해
보세요. 컬러링부터 리스 제작, 네온 효과를 주는
방법까지, 캘리그래피를 업그레이드하는 다양한
방법을 배워봅니다.

동영상 강의

저자가 직접 촬영한 영상 강의를 제공합니다. QR
코드로 접속해 실습 단계를 확인해보세요. 학습이
훨씬 쉬워집니다.

02 LESSON 리스와 캘리그래피 작품 만들기

미리 보기

준비 파일 | 새 캔버스에서 시작

프로크리에이트의 그리기 가이드 기능 중 방사상 대칭을 활용해 귀여운 리스를 간단히 그려보겠습니다.

▶ 동영상 강의 제공
이 LESSON은 동영상 강의를 제공합니다. 오른쪽의 QR코드로 접속해 실습 과정을 확인할 수 있습니다.

150　혼자 해도 프로 작가처럼 잘 쓰는 아이패드 캘리그래피 with 프로크리에이트

02 LESSON 브러시를 내 손에 맞게 설정하기

기존 브러시 커스터마이징하기

프로크리에이트에서 기본으로 제공하는 브러시가 손에 맞지 않는다면 몇 가지 간단한 수정을 거쳐
내 손에 맞는 브러시로 만들 수 있습니다. 예제 파일로 제공하는 브러시 중 [CB Pro Han New] 브러
시 세트의 5번 브러시를 이용해 간단히 설정 변경 요령을 익혀보겠습니다.

01 ❶브러시 ✏️를 터치한 후 ❷[CB Pro Han New] 브러시 세트-[CB Pro Han New 5]를 터치합
니다.

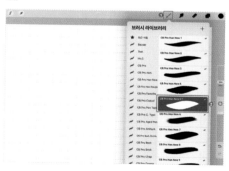

198　혼자 해도 프로 작가처럼 잘 쓰는 아이패드 캘리그래피 with 프로크리에이트

LESSON : 나만의 브러시 만들기

브러시를 제작하고, 내 캘리그래피 스타일에 맞
게 수정하면서 프로크리에이트를 전문적으로 사
용해보세요.

캘리바이의 프로페셔널 브러시

글씨를 쓰는 데 필요한 전문적인 브러시를 제공합니다. 브러시를 선택하고 활용해보세요.

프로 작가의 캘리그래피 스킬 업

프로 캘리그래퍼가 캘리그래피 작업 효율을 업그레이드하는 다양한 노하우를 제공합니다.

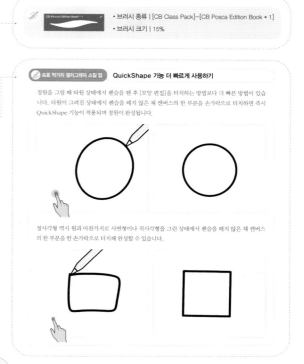

CB Posca Edition Book • 1
- 브러시 종류 | [CB Class Pack]–[CB Posca Edition Book • 1]
- 브러시 크기 | 15%

프로 작가의 캘리그래피 스킬 업 **QuickShape 기능 더 빠르게 사용하기**

정원을 그릴 때 타원 상태에서 펜슬을 뗀 후 [모양 편집]을 터치하는 방법보다 더 빠른 방법이 있습니다. 타원이 그려진 상태에서 펜슬을 떼지 않은 채 캔버스의 한 부분을 손가락으로 터치하면 즉시 QuickShape 기능이 적용되며 정원이 완성됩니다.

정사각형 역시 원과 마찬가지로 사변형이나 직사각형을 그린 상태에서 펜슬을 떼지 않은 채 캔버스의 한 부분을 한 손가락으로 터치해 완성할 수 있습니다.

당신도 행복했음 좋겠습니다 | 김문정 님

📁 **준비 파일** | 문장 쓰기 연습 부록\당신도 행복했음 좋겠습니다.procreate

문장 쓰기 연습 특별부록

다양한 문장을 연습해보면서 캘리그래피 감각을 업그레이드해봅니다.

- 브러시 종류 | [CB Bck 2 Bsc Sp]–[CB Back 2 Basic 5 • Sp3]
- 브러시 크기 | 10%

다양한 글씨를 표현할 수 있는
캘리바이의 유료 브러시 꾸러미!

캘리바이가 유료 강의에서만 제공하는 고급 브러시 세트를 제공합니다.

CB_Bck_2_Bsc_SP.brushset

CB_Birds_Set.brushset

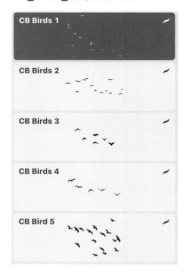

CB_Class_Pack.brushset

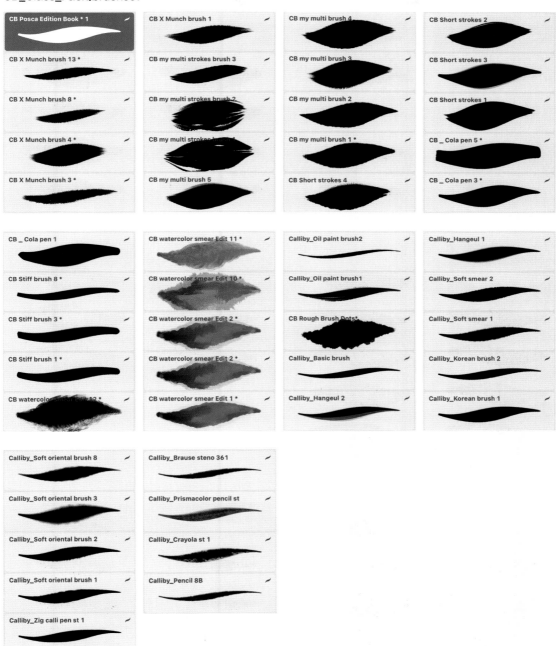

CB Posca Edition Book * 1	CB X Munch brush 1	CB my multi brush 4	CB Short strokes 2
CB X Munch brush 13 *	CB my multi strokes brush 3	CB my multi brush 3	CB Short strokes 3
CB X Munch brush 8 *	CB my multi strokes brush 2	CB my multi brush 2	CB Short strokes 1
CB X Munch brush 4 *	CB my multi strokes brush 1	CB my multi brush 1 *	CB _ Cola pen 5 *
CB X Munch brush 3 *	CB my multi brush 5	CB Short strokes 4	CB _ Cola pen 3 *
CB _ Cola pen 1	CB watercolor smear Edit 11 *	Calliby_Oil paint brush2	Calliby_Hangeul 1
CB Stiff brush 8 *	CB watercolor smear Edit 10 *	Calliby_Oil paint brush1	Calliby_Soft smear 2
CB Stiff brush 3 *	CB watercolor smear Edit 2 *	CB Rough Brush Dots*	Calliby_Soft smear 1
CB Stiff brush 1 *	CB watercolor smear Edit 2 *	Calliby_Basic brush	Calliby_Korean brush 2
CB watercolor smear Edit 13 *	CB watercolor smear Edit 1 *	Calliby_Hangeul 2	Calliby_Korean brush 1
Calliby_Soft oriental brush 8	Calliby_Brause steno 361		
Calliby_Soft oriental brush 3	Calliby_Prismacolor pencil st		
Calliby_Soft oriental brush 2	Calliby_Crayola st 1		
Calliby_Soft oriental brush 1	Calliby_Pencil 8B		
Calliby_Zig calli pen st 1			

CB_Pro.brushset

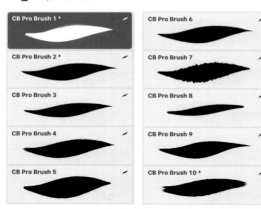

CB_Pro_Boot_.brushset

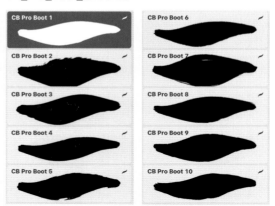

CB_Pro_Coarse.brushset

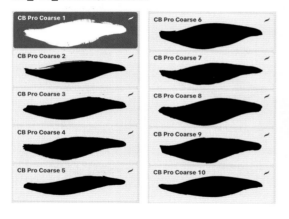

CB_Pro_English_Comb.brushset

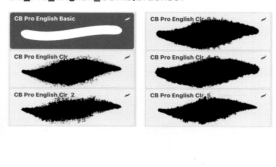

CB_Pro_Ganjang.brushset

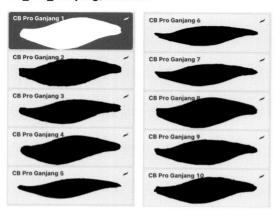

CB_Pro_Han_New.brushset

CB_Pro_Han_Rough.brushset

CB_Pro_Pen_Type.brushset

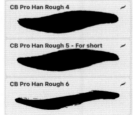

CB_Pro_Han.brushset

CB_Trees_Set.brushset

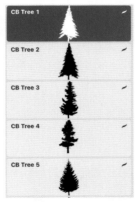
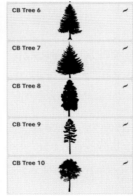

▶ **브러시, 팔레트 세트 및 예제 파일 다운로드 안내**

브러시, 팔레트 세트를 포함한 이 책의 모든 예제 파일은 오른쪽의 QR코드를 아이패드로 촬영해 다운로드할 수 있습니다. 예제 파일의 자세한 다운로드 방법은 이 책의 246쪽을 참고합니다.

CONTENTS

PART 01 디지털 캘리그래피 준비하기

CHAPTER 01. 프로크리에이트로 시작하기

CHAPTER 02. 프로크리에이트 다루기

PART 02 캘리그래피 기본기 업그레이드

CHAPTER 01. 한글 캘리그래피 쓰기

CONTENTS

CONTENTS

CHAPTER 02. 영문 캘리그래피 문장 쓰기

- -

PART 04   프로 작가처럼 완성하는 디지털 캘리그래피

CHAPTER 01. 글씨를 돋보이게 강조하기

- -

CHAPTER 02. 프로크리에이트로 꾸미기

PART 05   프로 작가처럼 활용하는 프로크리에이트

CHAPTER 01. 기본 브러시 수정하기

CONTENTS

PART 01

디지털
캘리그래피
준비하기

CHAPTER 01

프로크리에이트로
시작하기

01 LESSON | 디지털 캘리그래피 알아보기

디지털 캘리그래피와 아날로그 캘리그래피

디지털 캘리그래피와 아날로그 캘리그래피는 여러 차이점이 있습니다. 그중 누구나 알 수 있는 가장 큰 차이점은 바로 사용하는 '도구'가 다르다는 것입니다. 아날로그 캘리그래피는 최소한 종이와 펜이 꼭 필요하며, 서예 수준으로 글씨를 쓰려면 준비물은 더 많아집니다. 이와 달리 디지털 캘리그래피는 태블릿 PC와 스타일러스 펜만 있으면 됩니다.

▲ 캘리그래피를 위한 일반적인 준비물

▲ 디지털 캘리그래피를 위한 준비물

사용하는 도구가 다르면 작업 장소나 환경도 크게 달라집니다. 아날로그 캘리그래피는 글씨를 다양하게 표현하기 위해 여러 가지 형태의 펜과 도구를 사용하곤 합니다. 그러다 보면 준비물은 끝도 없이 늘어나고, 더 넓은 작업 공간도 필요합니다. 캘리그래피 도구로 잉크나 먹을 사용한다면 카페에서 여유롭게 앉아 작업하기도 쉽지 않습니다. 잉크나 먹이 흐르거나 묻지 않을까 하는 염려는 덤입니다.

만약 외출 중 급한 작업 의뢰를 받는다면 어떨까요? 디지털 캘리그래피라면 급한대로 버스나 지하철에서도 작업을 할 수 있을 것입니다. 작업을 위한 준비 시간은 어떨까요? 모포와 화선지, 먹물과 붓을 준비하는 시간까지는 아니더라도 적당한 종이나 펜을 고르는 데는 꽤 오랜 시간이 걸립니다. 반면 디지털 캘리그래피는 태블릿 PC와 스타일러스 펜만 꺼내면 그만입니다.

디지털 캘리그래피가 좋은 이유

얼마 전까지만 해도 디지털 캘리그래피에 대한 평가는 부정적이었습니다. 아날로그 캘리그래피에서만 느낄 수 있는 붓의 질감이 부족하다거나, 너무 작위적이라거나, 글씨는 종이에 써야 제맛이라는 등의 혹평이 이어졌습니다. 하지만 몇 년 사이 디지털 캘리그래피는 놀라운 발전을 거듭했습니다. 관련 작업을 하는 작가도 많아지면서 이제는 아날로그 캘리그래피의 표현 방식과 큰 차이 없을 정도가 되었습니다.

최근에는 디지털 캘리그래피가 가진 장점이 아날로그 캘리그래피의 장점보다 더욱 부각되는 추세입니다. 디지털 캘리그래피의 장점 중 하나는 작업 시간을 단축할 수 있다는 것입니다. 아날로그 캘리그래피는 작업한 캘리그래피를 촬영하거나 스캔한 후 포토샵, 일러스트레이터 등을 사용한 후반 작업을 통해 이미지를 완성해야 합니다. 하지만 디지털 캘리그래피는 작업을 진행하는 동시에 디지털 이미지를 완성하므로 작업 시간을 좀 더 확보할 수 있고, 그만큼 다양한 표현 방법을 시도할 수도 있어서 더욱 좋은 결과물을 얻을 수 있습니다.

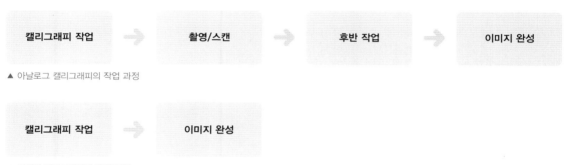

▲ 아날로그 캘리그래피의 작업 과정

▲ 디지털 캘리그래피의 작업 과정

02 LESSON | 프로크리에이트 시작하기

프로크리에이트 설치하기

본격적으로 디지털 캘리그래피 작업을 진행하려면 애플 펜슬과 애플 펜슬을 지원하는 아이패드가 필요합니다. 기기가 준비되었다면 디지털 캘리그래피에 꼭 필요한 프로크리에이트를 설치합니다. 디지털 캘리그래피 작업을 할 수 있는 앱은 다양하지만 작업물의 퀄리티를 높이려면 프로크리에이트는 필수입니다. 프로크리에이트는 유료 앱이지만 활용도가 매우 높고 멋진 결과물을 위해 투자할 가치가 충분하니 꼭 구매하여 준비하기를 바랍니다.

프로크리에이트를 다운로드하려면 ❶ 앱스토어에서 **프로크리에이트** 또는 Procreate를 검색한 후 ❷ [Procreate]를 터치해 다운로드합니다.

✏️ TIP 앱의 용량이 크므로 와이파이에 연결된 상태에서 다운로드하는 것이 좋습니다.

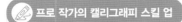 **프로 작가의 캘리그래피 스킬 업** | **프로크리에이트의 장점**

프로크리에이트의 가장 큰 장점은 브러시입니다. 프로크리에이트에서는 전 세계 사용자들이 직접 브러시를 만들고 공유할 수 있습니다. 다양한 브러시 사용이 가능한 것은 디지털 캘리그래피의 장점이기도 합니다.

▲ 브러시 외에도 다양한 리소스를 공유하는 Procreate®Folio(https://folio.procreate.art)

특히 국내 캘리그래피 작가들이 제작해 공유하는 브러시는 한글 쓰기에 최적화된 브러시이므로 한글의 특징을 뚜렷하게 잘 살립니다. 또한 아날로그 작업에서만 가능했던 한글 캘리그래피의 표현 방법을 디지털로도 구현할 수 있어 높은 퀄리티를 자랑합니다. 이 책에서도 필자가 직접 제작한 브러시를 활용해 설명을 진행합니다.

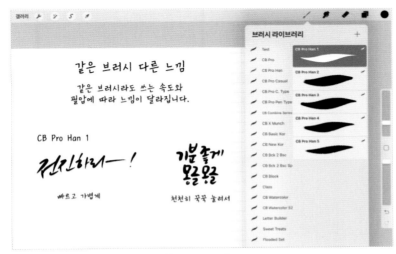

▲ 한글 쓰기에 적절한 필자의 유료 브러시 'CB Pro Han'

프로크리에이트 인터페이스 살펴보기

프로크리에이트 앱을 실행하면 다음과 같은 화면이 제일 먼저 나타납니다. 이 화면을 갤러리라고 부릅니다. 먼저 갤러리의 각 메뉴에 대해 알아보겠습니다.

01 Procreate 메뉴

갤러리에서 [Procreate]를 터치하면 프로크리에이트 버전을 확인할 수 있으며 [기본 아트워크 복원], [갤러리 복구 시작]이 팝업 메뉴로 나타납니다.

❶ **기본 아트워크 복원** | 프로크리에이트 최초 설치 시 제공되는 기본 아트워크를 복원하는 메뉴입니다. 용량이나 기타 이유로 기본 아트워크를 삭제하였을 경우, 또는 테스트를 위해 기본 아트워크가 변형되었을 경우 이 메뉴를 통해 원본 기본 아트워크로 복원 가능합니다.

❷ **갤러리 복구 시작** | 갤러리 내의 작업물 중 손실되었거나 손상된 아트워크를 찾아 복원하는 메뉴입니다.

02 선택 메뉴

[선택]을 터치하면 선택 메뉴를 표시할 수 있습니다. 아트워크를 선택하지 않았을 때는 [스택], [미리보기], [공유], [복제], [삭제]가 비활성화 상태로 나타납니다.

하나의 아트워크를 선택하면 [스택]을 제외하고 [미리보기], [공유], [복제], [삭제]만 활성화됩니다.

두 개 이상의 아트워크를 선택하면 모든 메뉴가 활성화됩니다.

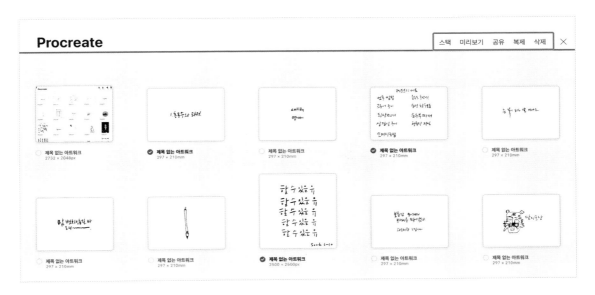

두 개 이상의 아트워크를 선택한 후 [스택]을 터치하면 선택된 아트워크들이 스택으로 묶입니다.

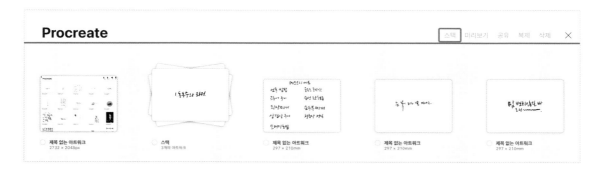

✎ TIP 스택은 폴더와 비슷한 의미지만 폴더 안에 파일을 넣는다는 개념보다 낱장의 종이들을 간추려 쌓은 형태에 빗대어 스택이라는 이름이 붙여졌습니다. 아트워크를 스택으로 묶으면 이미지 역시 여러 장의 종이를 겹쳐 쌓은 모양으로 보여줍니다.

아트워크를 선택한 후 [미리보기]를 터치하면 아트워크 편집이 불가능한 미리 보기 창이 팝업되고 아트워크를 큰 이미지로 확인할 수 있습니다. 이때 팝업된 아트워크를 한 번 터치하면 앞뒤 이미지로 이동할 수 있는 화살표와 미리 보기 창을 닫을 수 있는 [끄기]가 표시됩니다.

두 개 이상의 아트워크를 선택한 후 [미리보기]를 터치하면 화살표를 터치해 선택된 다른 이미지를 확인할 수 있습니다.

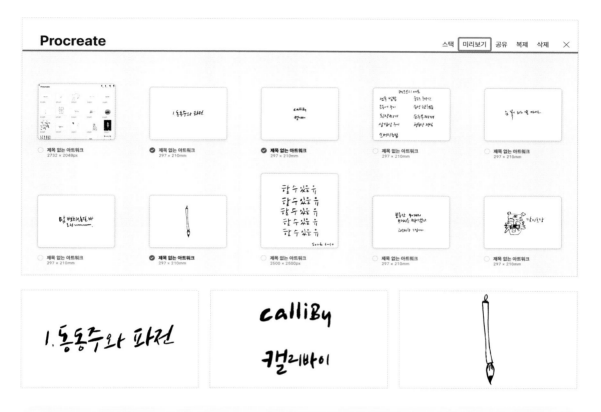

TIP 미리 보기 순서는 선택 순서가 아니라 갤러리에 표시된 아트워크의 순서입니다.

하나 또는 여러 개의 아트워크를 선택한 후 [공유]를 터치하면 공유할 아트워크의 이미지 형식을 선택할 수 있는 메뉴가 팝업됩니다. 선택 가능한 이미지 형식은 다음 그림을 참고합니다.

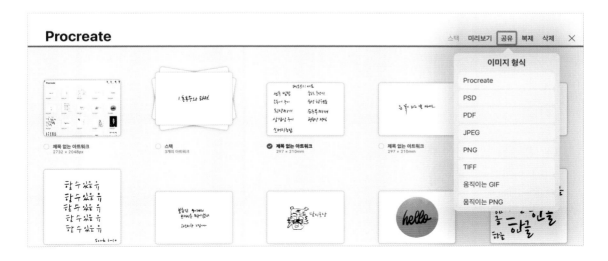

원하는 이미지 형식을 선택하면 '내보내는 중'이라는 메시지가 나타난 후 다양한 내보내기 앱을 선택할 수 있습니다.

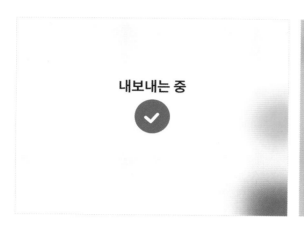

아트워크를 선택한 후 [복제]를 터치하면 '복제 중'이라는 메시지가 나타나고 선택한 아트워크가 바로 복제됩니다. 중요한 점은 단순히 이미지나 아트워크만 복제하는 것이 아니고 아트워크의 레이어까지 그대로 복제된다는 것입니다. 원본을 보존하면서 수정해야 할 때 유용하게 사용할 수 있습니다.

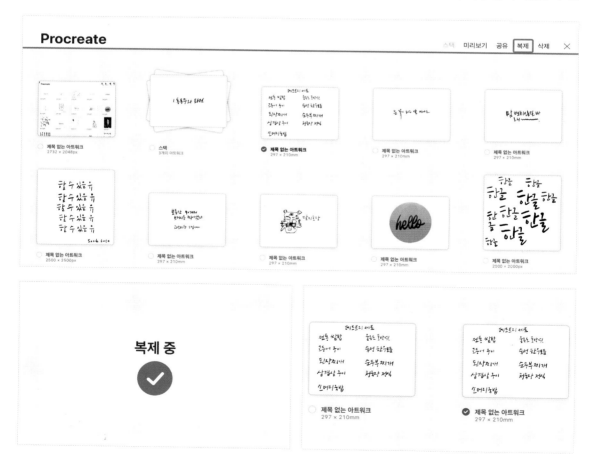

하나 또는 여러 개의 아트워크를 선택하고 [삭제]를 터치하면 경고 메시지가 나타납니다. 팝업 창의
[삭제]를 터치하면 선택된 아트워크가 완전히 삭제됩니다.

03 가져오기 메뉴

가져오기 메뉴는 저장된 이미지나 파일을 불러올 때 유용합니다. [가져오기]를 터치하면 iCloud Drive에 저장된 파일을 불러올 수 있습니다. 왼쪽 상단의 [둘러보기]를 터치하면 다른 위치에 저장된 파일도 불러올 수 있습니다.

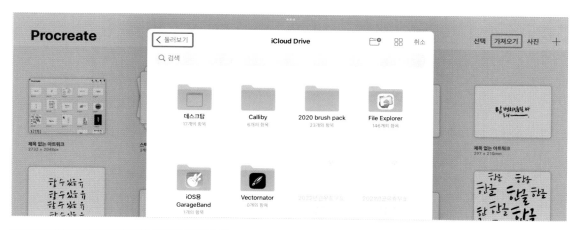

원하는 파일을 선택하면 '가져오는 중'이라는 메시지가 나타난 후 가져온 파일이 캔버스에 바로 열립니다.

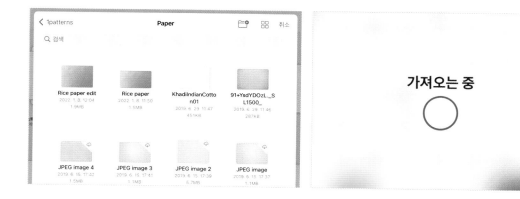

TIP 가져오기 기능을 한 번 사용한 후에 다시 [가져오기]를 터치하면 마지막으로 파일을 불러온 위치가 자동으로 열립니다.

04 사진 메뉴

사진 메뉴로 사진을 불러올 수 있습니다. [사진]을 터치하면 사진첩이 바로 나타나며 상단에는 사진, 앨범을 선택할 수 있는 버튼이 있습니다.

[앨범]을 선택하면 사진첩에 생성되어 있는 앨범과 폴더에서 원하는 사진을 불러올 수 있습니다. 사진을 선택해 불러오면 사진이 캔버스로 생성되며, 생성된 캔버스의 크기와 해상도는 불러온 사진과 동일합니다.

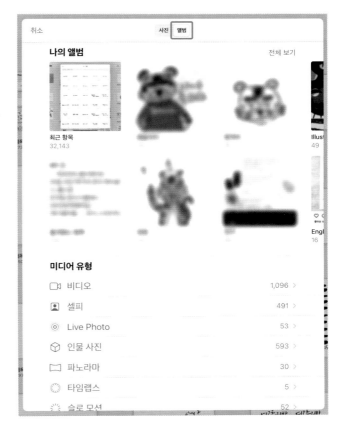

새로운 캔버스 ➕를 터치하면 새 작업을 위한 캔버스를 생성할 수 있습니다. 다양한 크기의 캔버스
가 미리 준비되어 있으니 이 중에서 선택해 생성해도 됩니다.

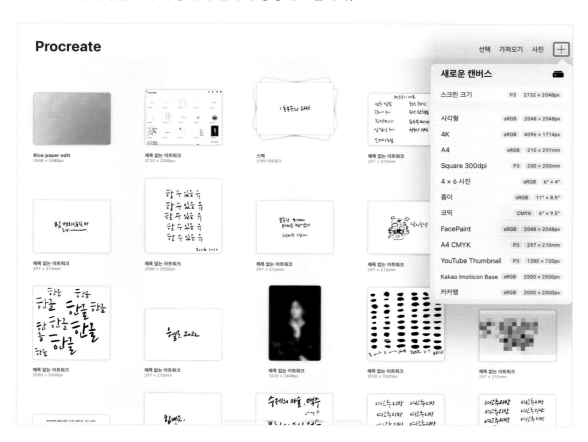

CHAPTER 02

프로크리에이트 다루기

01 LESSON

프로크리에이트 기본 설정하기

새로운 캔버스 생성하기

새로운 캔버스를 생성하려면 ❶ 갤러리에서 새로운 캔버스 + 를 터치합니다. ❷ 이때 나타나는 팝업 메뉴에서 원하는 크기를 선택해 새로운 캔버스를 생성할 수 있습니다. ❸ 미리 준비된 기본 설정 크기 외에 다른 크기 및 속성의 캔버스를 생성하려면 사용자지정 캔버스 ▬ 를 터치합니다.

[사용자지정 캔버스]가 나타나면 설정을 변경해 사용자가 원하는 캔버스를 생성할 수 있습니다. [크기]에서는 밀리미터, 센티미터, 인치, 픽셀로 단위를 설정할 수 있으며 해상도를 나타내는 [DPI]도 설정할 수 있습니다. 이때 캔버스의 크기나 해상도를 변경하면 [최대 레이어 개수]가 달라지는 것을 확인할 수 있습니다.

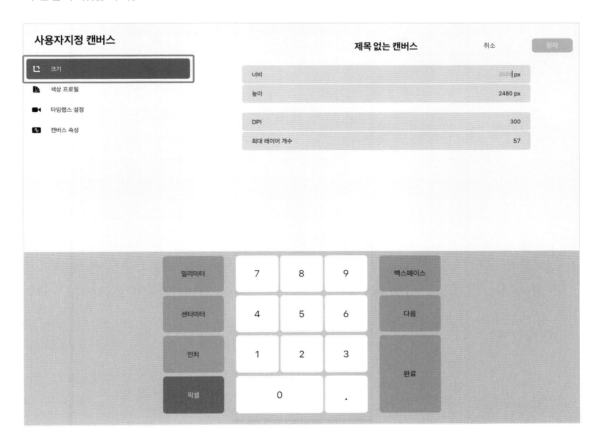

[색상 프로필]에서는 [RGB]와 [CMYK]를 선택할 수 있습니다. 모니터 화면 출력용으로는 [RGB], 인쇄 출력용으로는 [CMYK]의 색상 프로필을 선택합니다.

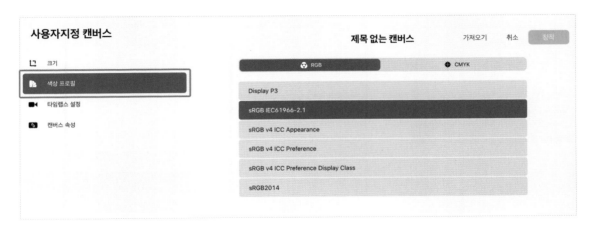

[타임랩스 설정]에서는 작업 과정을 빠른 동영상으로 기록해주는 타임랩스의 녹화 품질을 설정할 수 있습니다.

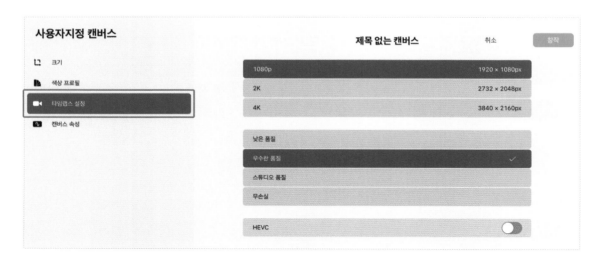

[캔버스 속성]에서는 캔버스의 기본 배경 색상을 변경하거나 배경을 숨길 수 있습니다. 이 설정은 작업 중인 캔버스 내에서도 변경할 수 있습니다. 캔버스 배경이 필요한 작업에는 일반적으로 [배경 색상]을 흰색으로 설정하고, 스티커 등 배경이 불필요한 작업에는 [배경 숨김]을 활성화합니다.

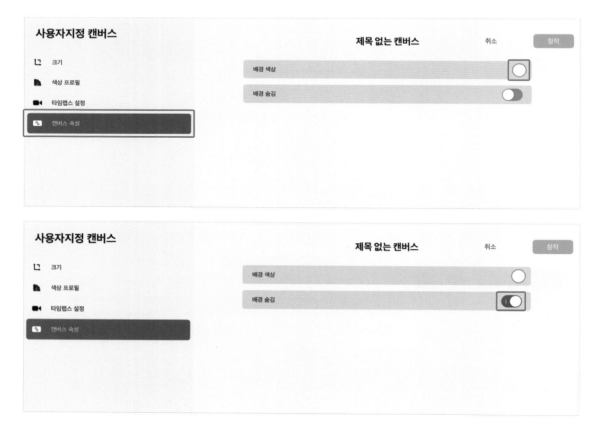

설정을 마친 캔버스가 자주 사용할 캔버스라면 [제목 없는 캔버스]를 터치하여 이름을 바꾸어줍니
다. 여기서는 제목을 **혼자 해도 작가처럼**으로 변경했습니다.

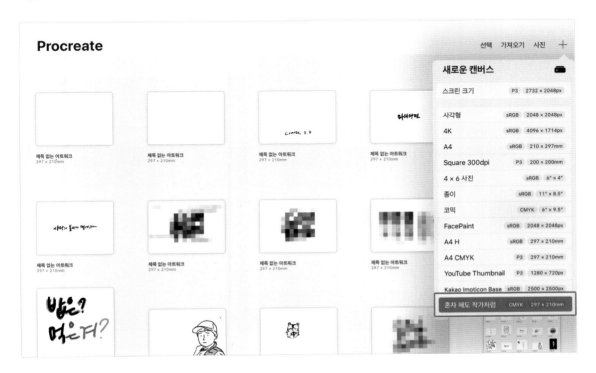

이름을 변경한 후 [창작]을 터치하여 캔버스를 생성합니다.

이름을 변경하여 생성한 캔버스는 새로운 캔버스 생성 시 같은 설정으로 손쉽게 불러올 수 있습니다.

캔버스 기본 설정하기

이번에는 캔버스 내 기본 설정을 알아보겠습니다. 추가로 설정할 수 있는 기능이 무엇인지 알아보면서 내 작업에 필요한 기능을 설정해 사용하기를 바랍니다.

[갤러리] 오른쪽의 동작 ✖ 을 터치하고 [설정]을 터치하면 다음과 같이 설정에 관련된 메뉴를 확인할 수 있습니다. 하나씩 살펴보겠습니다.

❶ [밝은 인터페이스]는 활성화 여부에 따라 인터페이스 전반의 컬러가 변경됩니다. 이때 전체 인터페이스의 컬러만 변경되는 것이 아니라 브러시 미리 보기의 컬러 또한 반전되므로 신중히 선택해야 합니다.

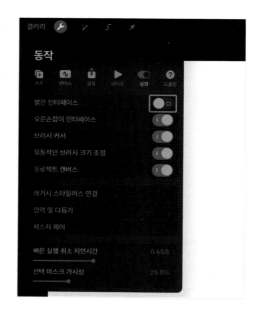

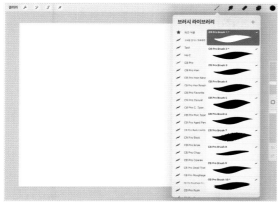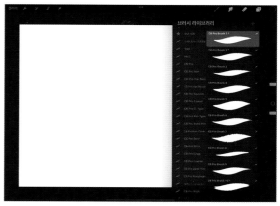

▲ [밝은 인터페이스] 설정에 따른 브러시 미리 보기 컬러 반전(왼쪽 : 활성화, 오른쪽 : 비활성화)

❷ [오른손잡이 인터페이스]를 비활성화하면 브러시 크기와 불투명도를 설정할 수 있는 패널이 인터 페이스 왼쪽에 표시됩니다. 이 설정을 활성화하면 패널이 오른쪽으로 이동합니다. 작업 시 작업물을 가로질러 움직일 필요 없이 브러시 크기와 불투명도를 설정할 수 있습니다.

❸ [브러시 커서]를 활성화하면 현재 사용하고 있는 브러시의 크기를 바로 확인할 수 있습니다. 이 설정은 특히 지우개 사용 시 꼭 필요한 설정으로, 지우개의 크기를 확인하면서 지우면 편리하므로 꼭 활성화해두는 것을 추천합니다.

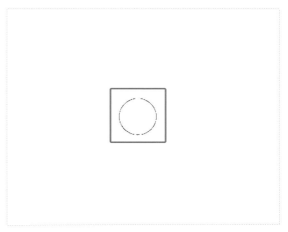

▲ 활성화 시 빈 캔버스에서도 브러시 크기 확인 가능

❹ [유동적인 브러시 크기 조정]을 활성화하면 캔버스 크기에 상관없이 브러시 설정대로 크기가 일정하게 유지됩니다. 이 설정을 비활성화하면 캔버스 크기에 따라 브러시 크기가 유동적으로 커지거나 작아집니다.

크기가 다른 캔버스에서 같은 브러시를 같은 크기로 설정한 후 최대한 비슷한 압력으로 선을 그어 비교해보겠습니다. [유동적인 브러시 크기 조정]을 활성화하면 브러시 설정대로 선이 일정한 굵기로 그어집니다. 비활성화 시에는 캔버스 크기에 따라 선의 굵기가 확연히 달라집니다.

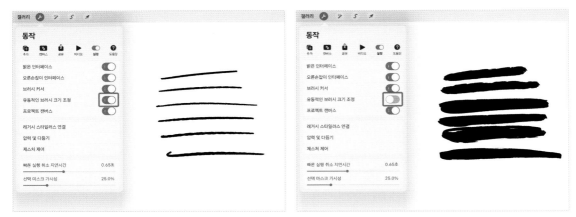

▲ 같은 조건일 때 [유동적인 브러시 크기 조정]의 활성화 여부에 따른 브러시 크기 차이

❺ [프로젝트 캔버스]는 강의 등의 목적으로 아이패드를 프로젝터나 모니터에 연결할 때 필요한 설정입니다. 이 설정을 활성화하면 프로젝터나 모니터에는 캔버스만 화면 전체에 꽉 채워 출력됩니다. 아이패드에 나타나는 브러시 패널이나 메뉴 선택, 캔버스 크기의 확대, 축소 등은 보이지 않게 됩니다.

▲ 강의 등에서 [프로젝트 캔버스]를 활성화했을 때 인터페이스 없이 전체 크기의 캔버스만 출력

❻ [레거시 스타일러스 연결]에서는 애플 펜슬이 아닌 스타일러스 펜 중 프로크리에이트와 공식 호환되는 Adonit 또는 Wacom의 스타일러스 펜을 연결할 수 있습니다.

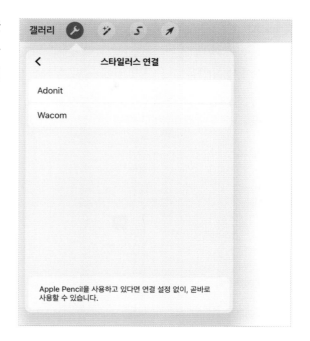

❼ [압력 및 다듬기]에서는 [안정화], [움직임 필터링], [움직임 필터링 표현] 등의 설정을 통해 브러시 종류에 상관없이 어느 정도 보정되도록 할 수 있습니다. 최근 디지털 캘리그래피 분야에서 커스텀 브러시의 활용이 많아지고 있는데, 이 설정을 변경하면 브러시 제작자가 의도한 브러시 본연의 느낌이 달라질 수 있으니 주의하며 사용해야 합니다.

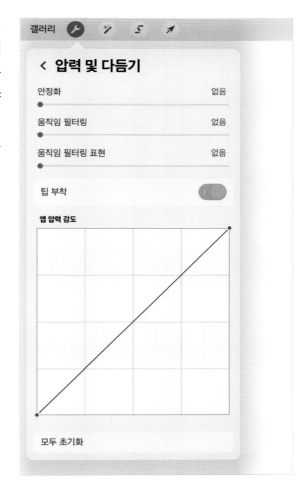

브러시 다운로드하고 가져오기

캔버스에서 작업을 시작하기 전에 필자가 직접 만든 브러시와 팔레트를 가져와보겠습니다. 제공하는 브러시 세트는 되도록 아이패드로 직접 다운로드하기를 바랍니다. 아이패드의 사파리 브라우저를 통해 다운로드한 브러시 세트 파일은 '파일' 앱의 [다운로드] 항목에서 확인할 수 있습니다.

🖌️ TIP 이 책의 모든 예제 파일은 246쪽을 참고해 다운로드할 수 있습니다.

브러시 세트 파일의 확장자는 '.brushset'이며 프로크리에이트와 연결되어 있어 파일 아이콘에서 프로크리에이트 로고를 확인할 수 있습니다. 파일을 터치하면 연결 프로그램인 프로크리에이트에 자동으로 가져옵니다. 프로크리에이트로 가져온 브러시 세트는 브러시 🖌️를 터치하면 [브러시 라이브러리]의 [최근 사용] 항목 바로 아래에서 확인할 수 있으며 단일 브러시가 아닌 브러시 세트 전체가 다운로드됩니다.

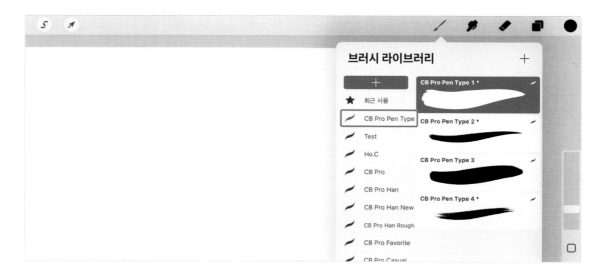

❶ 설치된 브러시 세트는 이름을 길게 터치한 후 ❷ 드래그하여 원하는 위치로 이동할 수 있습니다.

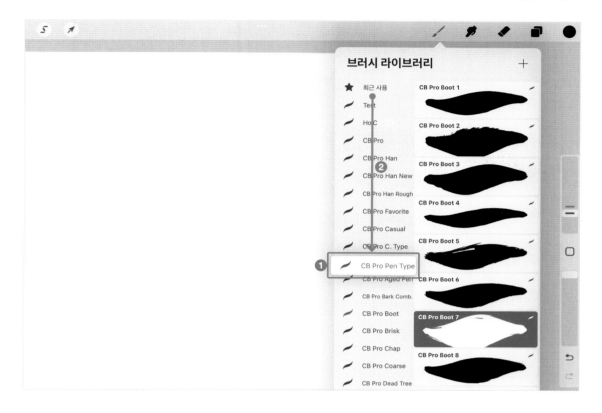

팔레트 다운로드하고 가져오기

이번에는 미리 완성된 팔레트를 가져오겠습니다. 브러시와 동일하게 아이패드로 직접 다운로드하는 것을 권장하며, '파일' 앱의 [다운로드] 항목에서 확인할 수 있습니다. 확장자는 '.swatches'이며 마찬가지로 프로크리에이트와 연결되어 있어 파일을 터치해서 열면 바로 가져올 수 있습니다.

프로크리에이트로 가져온 팔레트는 [색상] 패널을 열어 확인할 수 있습니다. ① 색상 ●을 터치하면 색상을 선택할 수 있는 [디스크]가 먼저 나타납니다. ② 하단의 [팔레트]를 터치하고 가장 아래로 스크롤하면 다운로드된 팔레트를 확인할 수 있습니다.

캔버스 내에서 사진 가져오기

이번에는 갤러리가 아닌 캔버스 내에서 사진을 불러오는 방법을 알아보겠습니다. 사진을 캔버스 내에서 불러오는 이유는 작업물의 크기 기준을 사진이 아닌 캔버스에 맞추기 위함입니다. A4나 A3 등 규격 용지에 맞춰 작업을 해야 한다면 갤러리에서 사진을 불러오지 말고 먼저 원하는 크기로 캔버스를 만든 후에 사진을 불러와야 합니다.

① 동작 🔧 을 터치한 후 ② [추가]-[사진 삽입하기]를 터치합니다.

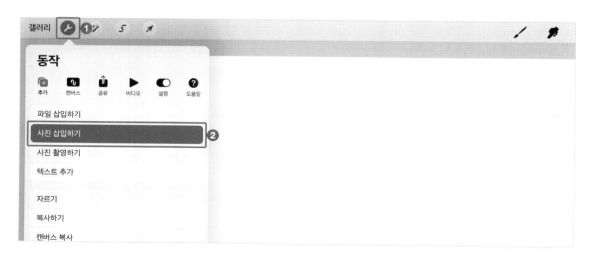

사진 불러오기 창이 팝업되면 원하는 사진을 터치하여 캔버스로 불러올 수 있습니다.

이때 사진과 캔버스의 크기가 다르면 이미지 양옆에 빈 공간이 생기는데 하단의 [캔버스에 맞추기]를 터치하여 빈 공간을 없앨 수 있습니다. 다만 이 경우 사진이 확대되면서 사진의 위쪽과 아래쪽 부분이 잘리므로 주의해야 합니다.

02 LESSON 프로크리에이트 세부 설정하기

제스처 제어 활성화하기

프로크리에이트는 제스처 제어를 통해 다양한 사용자 환경을 커스터마이징할 수 있습니다. 자주 사용하는 기능이 있다면 제스처 제어를 활용합니다. 제스처 제어는 동작 ✒ 을 터치한 후 [설정]-[제스처 제어]를 터치해 설정할 수 있습니다.

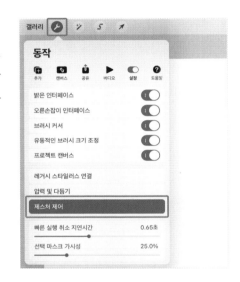

[제스처 제어]에서는 [손가락], [지우기], [그리기 도움받기], [스포이드툴], [QuickShape], [QuickMenu], [전체 화면], [레이어 지우기], [복사 및 붙여넣기], [레이어 선택], [일반] 항목을 설정할 수 있습니다. 디지털 캘리그래피 작업 시 자주 사용하는 [스포이드툴], [QuickShape], [QuickMenu], [전체 화면], [복사 및 붙여넣기] 설정에 대해 알아보겠습니다.

스포이드 툴 제스처 제어 활용하기

[스포이드툴]에서는 컬러를 추출하는 스포이드 툴 기능을 제스처로 설정할 수 있습니다. 작업 중 추출하고 싶은 컬러가 있을 때 어떤 제스처를 통해 스포이드 툴을 활성화할지 설정합니다. 여기서는 [터치 후 유지]를 활성화했습니다.

이제 작업 중 원하는 컬러가 있는 부분을 길게 터치하면 스포이드 툴이 활성화됩니다. 이때 스포이드 툴 위쪽은 현재 추출한 컬러를, 아래쪽은 현재 선택되어 있는 컬러를 보여줍니다.

원하는 컬러를 찾은 후 터치하고 있던 펜슬이나 손가락을 떼면 해당 컬러가 선택되는 것을 확인할 수 있습니다.

QuickShape 제스처 제어 활용하기

QuickShape는 직선이나 원, 사각형 등을 그릴 때 획의 모양을 반듯하게 만들어주는 기능입니다. 삐뚤빼뚤하게 그린 원을 자동으로 매끄러운 타원 또는 원의 형태로 다듬어주어 매우 유용합니다. 여기서는 [그리기 후 유지]로 제스처를 설정하였습니다.

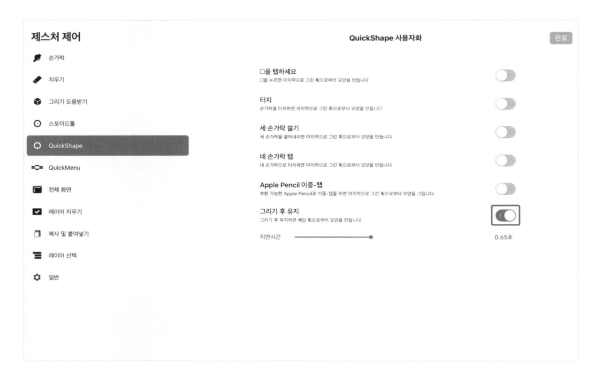

QuickShape 기능을 사용해 반듯한 원을 그리려면 원의 형태를 대강 그린 후 펜슬을 떼지 않은 상태로 유지합니다. 자동으로 QuickShape 기능이 적용되면서 매끄러운 타원형으로 다듬어집니다.

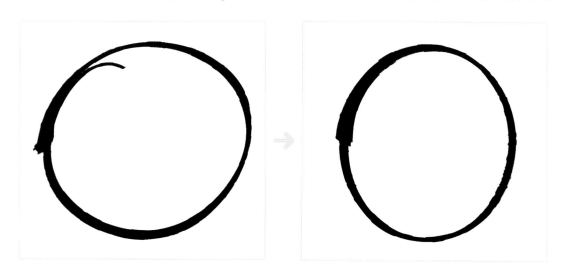

반듯한 타원이 완성된 상태에서 펜슬을 떼면 '타원 생성됨'이란 메시지 위로 [모양 편집]이 나타납니다.

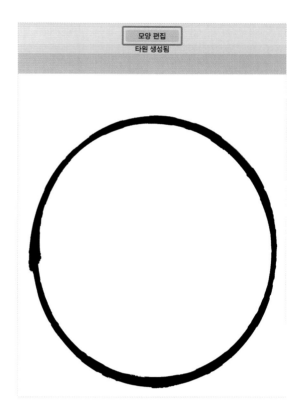

[모양 편집]을 터치하면 메뉴에서 [타원], [원] 중 하나를 선택할 수 있으며 원의 상하좌우에 포인트가 설정되어 포인트를 이동하거나 크기와 모양을 재조정할 수 있습니다. [원]을 선택하면 타원이 정원으로 자동 조정됩니다. 정원은 숙련자라도 정확한 모양으로 그리기 어려운 도형이고, 프로크리에이트에는 도형을 생성하는 메뉴가 따로 없으므로 QuickShape 기능을 활용해야 합니다.

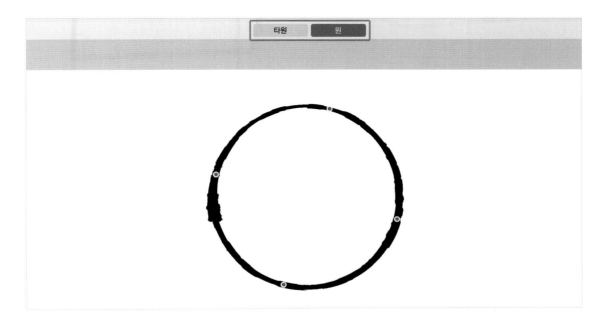

브러시 시작과 끝의 모양이 같으면서 굵기의 변화가 없는 브러시를 모노 브러시라고 하는데 모노 브러시를 활용해 원을 그리고 QuickShape 기능을 적용하면 반듯한 원의 형태를 완성할 수 있습니다.

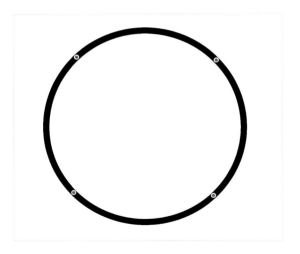

사각형도 원을 그릴 때와 같은 방법으로 QuickShape 기능을 적용해 그릴 수 있습니다. 다만 사각형과 같은 도형은 처음 그린 모양에 따라 [모양 편집]에 나타나는 메뉴가 달라집니다. 따라서 필요한 모양과 어느 정도 비슷한 형태로 그리는 것이 좋습니다.

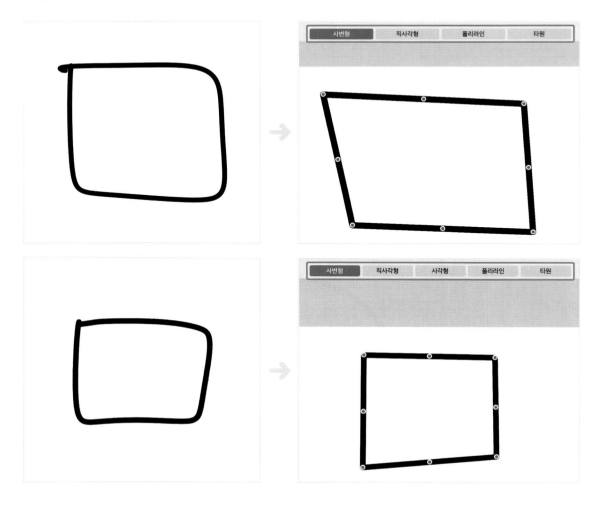

정원을 그릴 때 타원 상태에서 펜슬을 뗀 후 [모양 편집]을 터치하는 방법보다 더 빠른 방법이 있습니다. 타원이 그려진 상태에서 펜슬을 떼지 않은 채 캔버스의 한 부분을 손가락으로 터치하면 즉시 QuickShape 기능이 적용되며 정원이 완성됩니다.

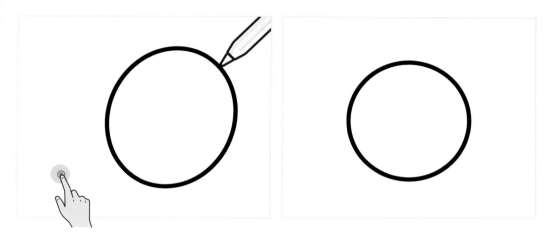

정사각형 역시 원과 마찬가지로 사변형이나 직사각형을 그린 상태에서 펜슬을 떼지 않은 채 캔버스의 한 부분을 한 손가락으로 터치해 완성할 수 있습니다.

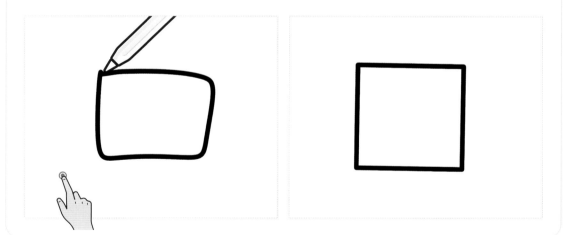

QuickMenu 제스처 제어 활용하기

QuickMenu는 자주 사용하는 메뉴를 퀵메뉴로 설정해 팝업으로 사용할 수 있는 기능입니다. 여기서는 퀵메뉴가 어떤 제스처를 통해 팝업되게 할 것인지 설정하는 과정을 알아보겠습니다. 퀵메뉴 설정에 관해서는 059쪽에서 자세히 확인할 수 있습니다.

필자는 펜슬을 활용해 작업하므로 한쪽 손이 남아 손가락 터치 기능을 퀵메뉴 팝업 제스처로 사용하고 있습니다. 이렇게 설정하면 손가락이 캔버스에 닿았을 때 선이 그어지는 대신 퀵메뉴가 팝업됩니다.

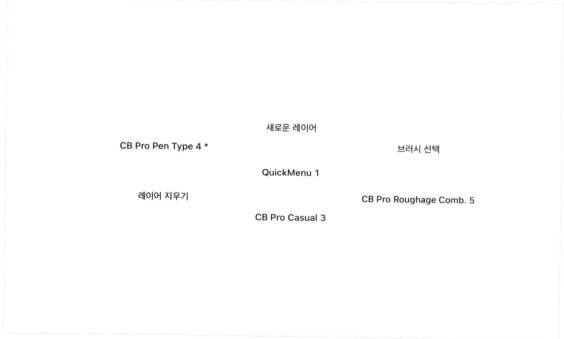

팝업된 퀵메뉴가 다르게 보여도 상관없습니다. 세부 메뉴는 각자 편의에 따라 자주 사용하는 기능이나 브러시 등으로 바꿔 사용할 수 있기 때문입니다.

전체 화면 제스처 제어 활용하기

전체 화면은 상단의 메뉴바를 감춰 캔버스만 보이도록 할 때 사용하는 메뉴입니다. 여기서는 [네 손가락 탭]과 [Apple Pencil 이중−탭]을 활성화하여 제스처로 설정합니다. [Apple Pencil 이중−탭]은 애플 펜슬의 측면을 손가락으로 두 번 터치하여 전체 화면으로 전환하는 기능입니다. 이 기능은 애플 펜슬 2세대 이상에서만 활성화할 수 있습니다.

이제 캔버스를 네 손가락으로 터치하거나 애플 펜슬의 측면을 두 번 터치하면 작업물이 전체 화면으로 표시됩니다. 전체 화면을 해제하려면 다시 캔버스를 네 손가락으로 터치하거나 애플 펜슬의 측면을 두 번 터치합니다. 오른쪽 상단 모서리의 아이콘을 터치해도 전체 화면을 해제할 수 있습니다.

복사 및 붙여 넣기 제스처 제어 활용하기

디지털 캘리그래피 작업에서 복사하거나 붙여 넣는 기능은 작업물을 완성할 때까지 여러 차례 반복해 사용하는 주요 기능입니다. 프로크리에이트에도 PC처럼 복사(Ctrl + C), 붙여 넣기(Ctrl + V)의 단축키와 같은 역할을 하는 메뉴가 있습니다. 바로 [복사 및 붙여넣기 사용자화]입니다. 여기서는 [복사 및 붙여넣기 사용자화]의 제스처로 [세 손가락 쓸기]를 활성화합니다.

캔버스를 손가락 세 개로 동시에 위에서 아래로 쓸어내리면 [복사 및 붙여넣기] 메뉴가 팝업됩니다.

세 손가락 쓸기 제스처를 사용하기 전에는 반드시 레이어가 선택되어 있어야 합니다. 복사하여 붙여 넣는 과정을 예로 들면 ❶ 복사할 레이어를 먼저 선택하고 ❷ 캔버스를 세 손가락으로 쓸어내린 후 ❸ 팝업 메뉴에서 [복사하기]를 터치합니다. ❹ 상단에 '복사한 레이어' 메시지가 표시되고 선택한 레이어가 복사됩니다.

❶ 복사된 레이어를 붙여 넣으려면 다시 캔버스를 세 손가락으로 쓸어내린 후 ❷ 팝업 메뉴에서 [붙여넣기]를 터치합니다. 붙여 넣은 레이어가 선택되며 크기 조정 메뉴가 활성화된 상태로 붙여 넣어집니다. 이 상태에서 여러 가지 수정 옵션을 터치하거나 조절점을 드래그하여 크기나 위치를 조정할 수 있습니다. ❸ 레이어 ▤를 터치하면 복제된 레이어를 확인할 수 있습니다.

QuickMenu 기능 설정하기

앞서 053쪽에서 제스처 제어를 활성화한 QuickMenu의 설정 방법을 자세히 알아보겠습니다. QuickMenu 기능을 활용하면 자주 사용하는 메뉴를 별도의 동작 없이 빠르게 팝업하여 사용할 수 있습니다. 여기서는 캔버스를 한 손가락으로 터치하면 팝업되도록 설정했습니다.

팝업된 메뉴는 자주 사용하는 다른 기능으로 변경할 수 있습니다. 변경하려는 메뉴를 길게 터치하면 [액션 설정] 메뉴가 팝업되며 나열되는 다양한 기능 중 원하는 기능을 터치하여 설정합니다.

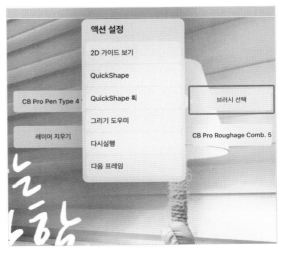

중앙의 [QuickMenu 1]을 터치하면 설정된 다양한 퀵메뉴를 확인할 수 있습니다. ┼를 터치하여 새로운 퀵메뉴를 설정할 수도 있습니다.

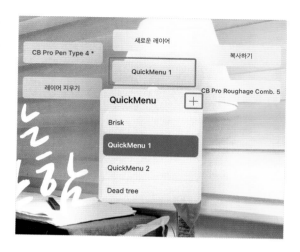

퀵메뉴의 이름을 변경하려면 변경하고자 하는 퀵메뉴의 이름 부분을 두 번 터치합니다.

03 LESSON 프로크리에이트 기본 기능 활용하기

프로크리에이트 채색 방법 알아보기

프로크리에이트에서 채색을 하는 방법은 여러 가지가 있습니다. 처음부터 원하는 컬러를 설정한 상태로 글씨를 쓰는 방법, 알파 채널 잠금을 활용하는 방법, 올가미 도구의 색 채우기를 활용하는 방법, 끌어서 색을 채우는 방법 등입니다. 가장 자주 사용되는 알파 채널 잠금과 끌어서 색을 채우는 방법에 대해 먼저 알아보겠습니다.

알파 채널 잠금으로 채색하기

알파 채널 잠금은 작업 영역을 제외한 나머지 영역을 비활성화해 활성화된 영역에만 효과를 적용하는 기능입니다. 알파 채널 잠금을 활성화하면 지정한 영역 외에 새로운 영역에서는 작업할 수 없습니다. 채색 시 알파 채널 잠금을 활용하는 이유는 이미 작업된 부분에서 일부 혹은 전체의 색을 변경할 때 빠지는 부분 없이 손쉽게 변경할 수 있기 때문입니다. 알파 채널 잠금을 활성화하려면 ❶ 레이어 ▨를 터치한 후 ❷ 알파 채널 잠금을 활성화할 레이어를 터치합니다. ❸ 메뉴가 나타나면 [알파 채널 잠금]을 터치합니다.

알파 채널 잠금이 활성화된 레이어는 다음과 같
이 섬네일의 배경이 투명하게 변경됩니다.

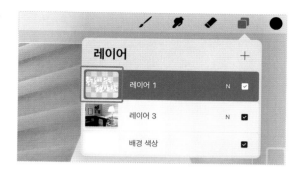

알파 채널 잠금이 활성화된 상태에서는 두 가지 방법으로 채색할 수 있습니다. 먼저 전체를 원하는
컬러로 한번에 채색하는 레이어 채우기입니다. ❶ 색상 ●을 터치해 ❷ [색상] 패널에서 원하는 컬러
를 선택합니다. ❸ 레이어 🗐를 터치하고 ❹ 알파 채널 잠금이 활성화된 레이어를 터치합니다. ❺ 메
뉴에서 [레이어 채우기]를 터치합니다.

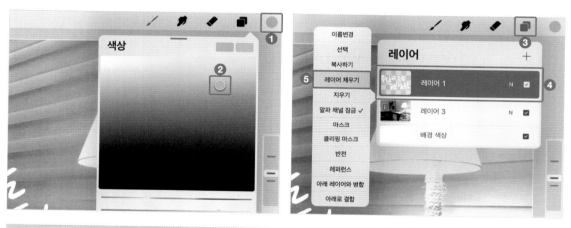

✏ TIP 레이어 채우기 기능은 말 그대로 레이어 전체를 채우는 방법입니다. 알파 채널 잠금이 활성화되어 있지 않으면 선택된
레이어 전체가 채색됩니다.

알파 채널 잠금 상태에서는 레이어의 일부나 단어별로 다른 컬러를 사용해 브러시로 채색할 수 있습니다. ❶ 먼저 원하는 컬러를 선택한 후 ❷ 브러시 ✏️ 를 터치해 활성화하고 ❸ 원하는 부분을 채색합니다.

🖌️ TIP 알파 채널 잠금이 활성화된 상태의 레이어에서 다른 작업이 추가로 필요할 경우 꼭 알파 채널 잠금을 해제해야 합니다.

색 끌어와서 채색하기

색을 끌어와서 채색하는 방법은 알파 채널 잠금 여부와 상관없이 현재 레이어의 일부 혹은 전체에 [색상] 패널에서 설정한 색을 그대로 애플 펜슬로 끌어오면 됩니다. 이때 브러시로 연결된 부분은 모두 채색됩니다. ❶ 먼저 컬러를 선택하고 ❷ 원하는 부분으로 끌어옵니다.

기본 기능만으로 감성적인 그림 만들기

앞서 살펴보았던 QuickShape를 포함해 프로크리에이트의 기본 기능만으로 간단한 감성 그림을 완성해보겠습니다.

▶ **동영상 강의 제공**

이 LESSON은 동영상 강의를 제공합니다. 오른쪽의 QR코드로 접속해 실습 과정을 확인할 수 있습니다.

01 ❶ 빈 캔버스를 생성한 후 ❷ 색상●을 터치해 ❸ 밤하늘이 연상되는 어두운 파란색을 선택합니다. ❹ 빈 캔버스로 끌어와서 캔버스 전체를 채색합니다.

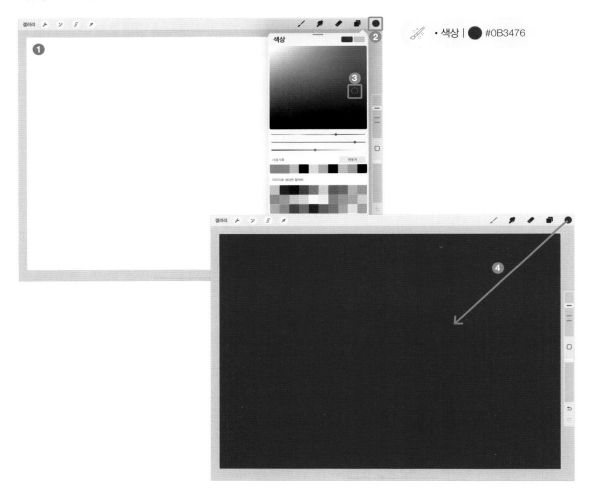

🖌 · 색상 | ● #0B3476

02 땅이 될 부분을 만들기 위해 ❶ 레이어 ▣를 터치하고 ❷ 새로운 레이어 +를 터치해 레이어를 추가합니다. ❸ 컬러는 검은색으로 채색합니다.

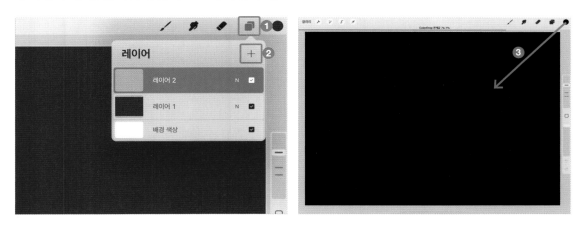

03 ❶ 변형 ↗ 을 터치한 후 ❷ 가운데 조절점을 아래로 적당히 드래그하여 땅처럼 만듭니다. ❸ 변형 ↗ 을 한 번 더 터치해 마무리합니다.

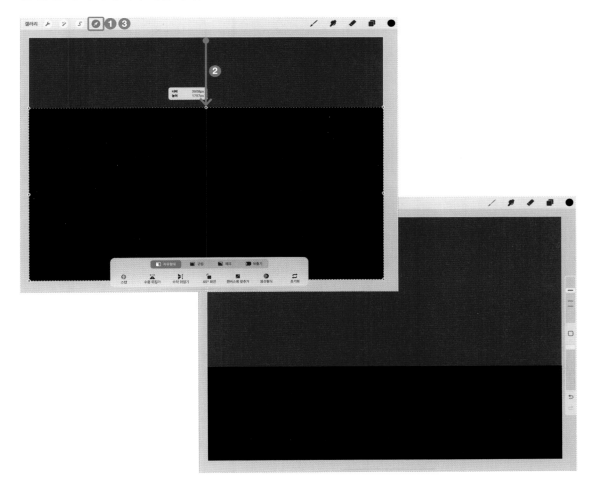

04 QuickShape 기능으로 반듯한 원을 그려 빛나는 커다란 달을 만들어보겠습니다. ❶ [레이어 1]이 선택된 상태에서 ❷ 새로운 레이어 ➕를 터치합니다. [레이어 1]과 [레이어 2] 사이에 새로운 레이어가 추가됩니다.

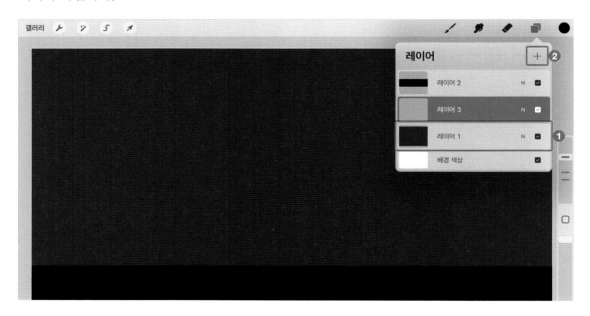

05 ❶ 노란 빛이 나는 밝은 색을 선택한 후 ❷ 큰 원을 가운데에 그려줍니다. 이때 원을 그린 후 펜슬을 떼지 않은 채로 유지하면 QuickShape 기능이 적용되어 반듯한 원을 그릴 수 있습니다.

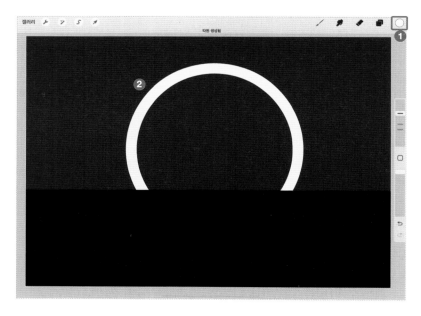

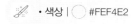 • 색상 | ◯ #FEF4E2

✏️ TIP 050쪽에서 설명한 QuickShape 기능의 사용 방법을 꼭 숙지한 후 진행합니다. 땅 레이어에 가려진 부분이 보이지 않는 것은 당연한 것이므로 걱정하지 않아도 됩니다.

06 컬러를 그려둔 원 안쪽으로 끌어와 원의 내부를 채워주고 땅에 가려지도록 합니다.

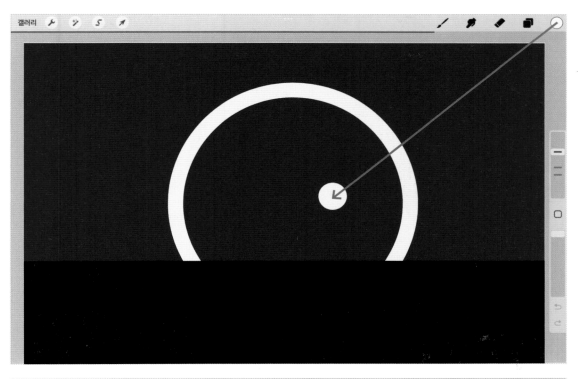

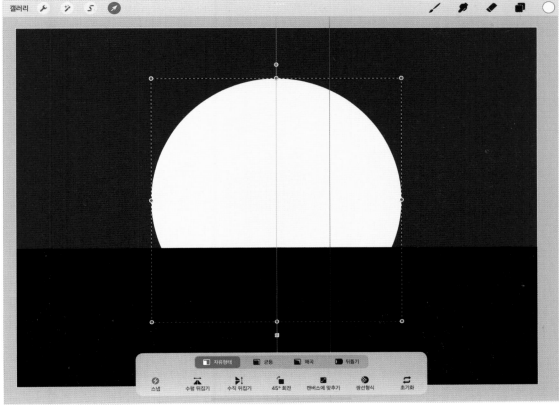

07 달이 빛나 보이는 효과를 적용해보겠습니다. ❶ 레이어📑를 터치하고 ❷ 달이 그려진 [레이어 3]을 오른쪽에서 왼쪽으로 슬라이드합니다. ❸ [잠금], [복제], [삭제]가 나타나면 [복제]를 터치해 레이어를 복제합니다.

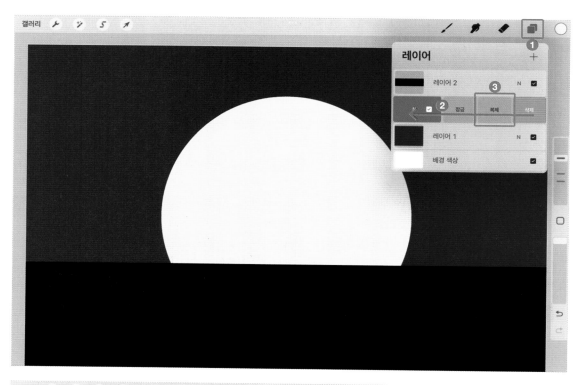

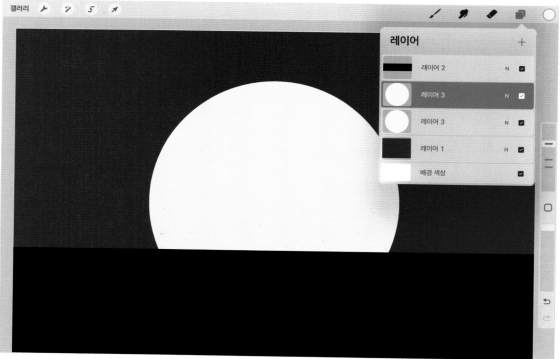

08 ❶ 아래쪽 [레이어 3]을 터치하고 ❷ 조정 ✏ 을 터치합니다. ❸ [가우시안 흐림 효과]를 터치한 후 ❹ 펜슬을 캔버스 왼쪽에서 오른쪽으로 슬라이드하여 효과를 적용합니다. 이때 상단 메시지를 확인하며 **20%** 정도의 효과가 적용되도록 합니다.

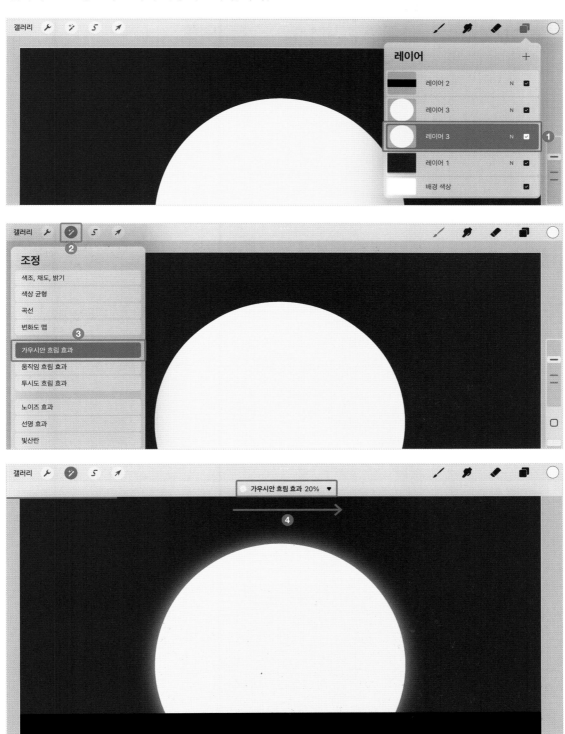

09 이번에는 간단히 나무를 그려보겠습니다. ❶ 레이어 🗐를 터치하고 ❷ [레이어 3]을 터치한 후 ❸ 새로운 레이어 ✚를 터치해 레이어를 추가합니다.

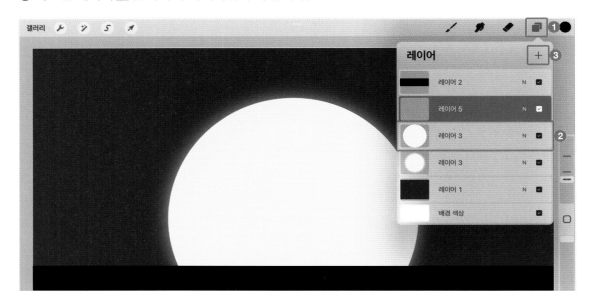

10 QuickShape 기능을 활용해 다양한 크기의 원을 겹치게 그리고 아래에 나무 기둥도 그려줍니다.

11　❶[레이어 2]의 체크를 해제해 캔버스에서 보이지 않게 합니다. ❷나무 기둥의 아래쪽이 열려 있으면 컬러를 끌어와 채색할 때 레이어 전체가 모두 칠해지므로 아래쪽에 선을 그려서 막아야 합니다. ❸선을 그린 후에 다시 [레이어 2]를 체크하여 땅이 보이게 합니다.

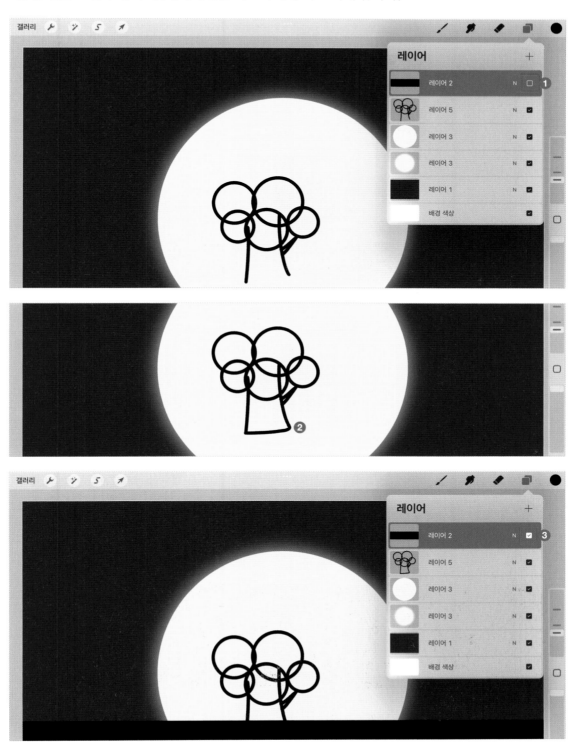

12 ❶ 나무 전체를 검은색으로 채색합니다. ❷ 변형 ↗ 을 터치한 후 ❸ 크기와 위치를 조정합니다. ❹ 변형 ↗ 을 한 번 더 터치해 완성합니다.

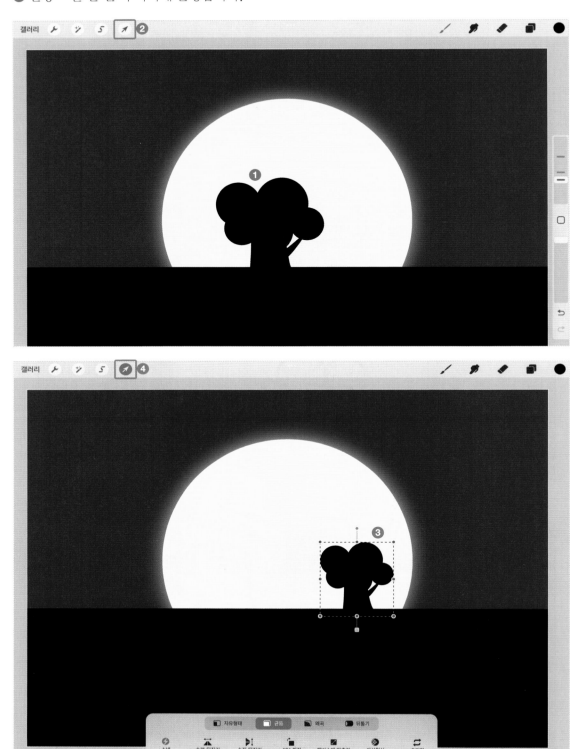

13 마지막으로 하늘에 반짝이는 별들을 추가해 완성해보겠습니다. ❶ [레이어 2]를 터치한 후 ❷ 새로운 레이어 ➕를 터치해 맨 위에 새로운 레이어를 추가합니다. ❸ 컬러는 흰색으로 설정합니다.

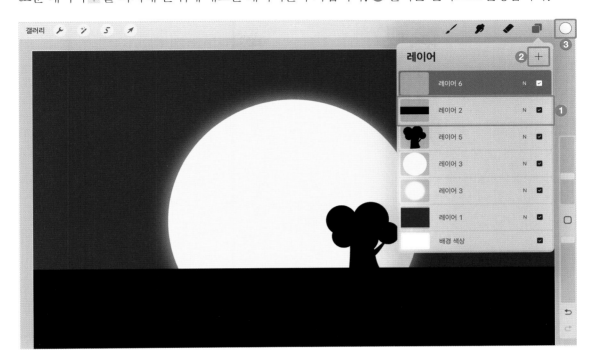

14 ❶ 브러시 ✏️를 터치한 후 ❷ [빛] 브러시 세트−[라이트 펜]을 선택합니다. ❸ 펜슬로 꾹꾹 눌러 별을 그려주고 긴 선을 추가하여 별똥별도 그려주면 감성적인 그림이 완성됩니다.

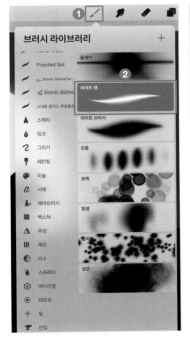

PART 02

캘리그래피
기본기 업그레이드

CHAPTER 01

한글 캘리그래피 쓰기

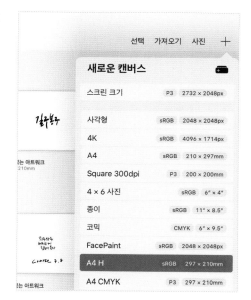

LESSON 01 | 한글 캘리그래피를 위한 프로크리에이트 설정하기

캔버스 생성하고 준비하기

01 본격적으로 한글 캘리그래피를 연습하기 위해 A4 크기의 가로 방향 캔버스를 생성합니다.

> 🖌 **TIP** 새로운 크기의 캔버스를 생성하는 방법은 036쪽을 참고합니다.

02 ❶ 동작 🔧 을 터치하고 ❷ [캔버스]–[그리기 가이드]를 활성화한 후 ❸ [그리기 가이드 편집]을 터치하면 그리드를 편집할 수 있습니다.

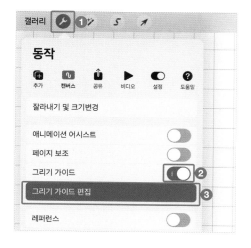

03 ❶ 상단의 컬러바를 좌우로 드래그하면 그리드 컬러를 변경할 수 있습니다. 긴 시간을 작업하더라도 눈이 피로하지 않도록 파란색이나 초록색 계열로 설정하는 것을 권장합니다. ❷ 그리드 컬러를 변경한 후 [격자 크기]를 터치하면 격자의 크기를 조정할 수 있습니다.

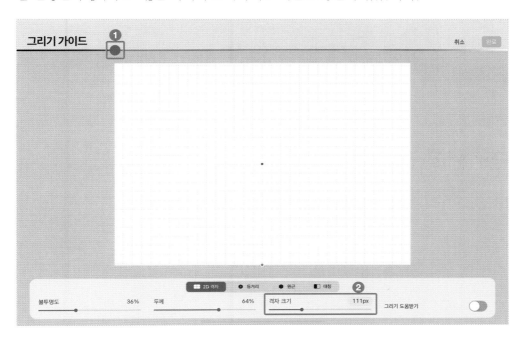

04 글씨 크기가 어느 정도 되는지 가늠하면서 쓰기 위해 ❶ [길이]를 1센티미터로 설정한 후 ❷ 상단의 [완료]를 터치해 준비를 마칩니다.

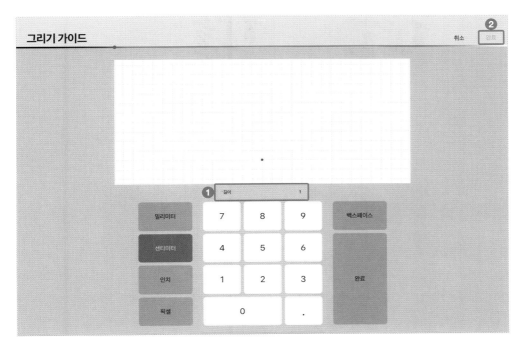

02 LESSON 한글 자음을 잘 쓰는 방법

한글 캘리그래피의 자음과 모음

한글 캘리그래피는 자음과 모음의 조합으로 완성되며 자음의 역할이 아주 중요합니다. 모음 역시 중요한 요소지만 자음이 글자의 형태를 완성하는 데 더 큰 영향을 주므로 자음을 중심으로 설명하겠습니다. 한글 캘리그래피를 쓸 때 꼭 기억해야 할 한 가지는 기초 단계에서 모음을 쓸 때 항상 짧게 써야 한다는 것입니다. 다음 그림에서 왼쪽 캘리그래피의 모음처럼 길게 쓰는 것이 아니라 오른쪽 캘리그래피의 모음처럼 짧게 쓰는 것을 기본으로 연습해야 합니다.

가장 기본적인 다섯 자음 쓰기 - ㄱ, ㄴ, ㄷ, ㅋ, ㅌ

한글의 다섯 자음 '기역(ㄱ)', '니은(ㄴ)', '디귿(ㄷ)', '키읔(ㅋ)', '티긑(ㅌ)'은 가로 획과 세로 획 조합으로 이루어진 자음이라는 공통점이 있습니다. 이 다섯 자음을 쓸 때 중요한 점은 모음의 위치에 따라 자음의 길이가 달라진다는 것입니다. 모음이 옆으로 오거나 아래로 올 때 또는 글자의 받침으로 쓰일 때 각각 어떻게 달라지는지 알아보겠습니다.

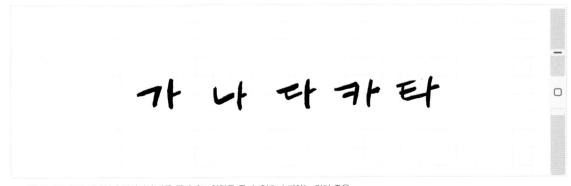

ㄱ ㄴ ㄷ ㅋ ㅌ

✎ TIP 아날로그 캘리그래피처럼 표현하기 위해 거친 브러시를 사용하는 것을 권장합니다.

'ㄱ', 'ㄴ', 'ㄷ', 'ㅋ', 'ㅌ' 옆에 'ㅏ', 'ㅑ', 'ㅓ' 등의 모음이 따라 나오면 자음의 가로 획보다 세로 획을 길게 쓰는 것이 포인트입니다. 모든 경우에서 그런 것은 아니지만 기본형에서는 이렇게 쓰는 것이 좋습니다.

가 나 다 카 타

▲ 모음이 옆에 오는 경우 세로 획을 길게 쓰는 것이 좋음

자음의 가로 획이 지나치게 길어지면 옆에 쓰인 다른 글자에도 영향을 줄 수 있으니 이를 경계하며 써야 합니다.

가 나 다 카 타

▲ 자음의 가로 획이 지나치게 길어지면 다른 글자에도 영향을 줄 수 있으니 피하는 것이 좋음

'ㅜ', 'ㅠ', 'ㅡ' 등의 모음이 아래로 따라 나오는 경우 자음의 가로 획과 세로 획을 비슷한 길이로 써주면 균형감 있는 글자 형태를 완성할 수 있습니다. 이때는 세로 획이 지나치게 길어지는 것을 주의해야 합니다. 세로 획이 너무 길어지면 불필요한 공간이 생기고 전체적인 균형이 무너지기 때문입니다.

'ㄱ', 'ㄴ', 'ㄷ', 'ㅋ', 'ㅌ' 다섯 자음이 글자의 받침으로 쓰이는 경우 기본형에서는 가로 획을 조금 길게 쓰는 것이 안정감을 줄 수 있습니다.

한글 캘리그래피의 대표 자음 쓰기 - ㄹ

한글 캘리그래피를 생각하면 가장 먼저 떠오르는 이미지는 구불구불하게 쓰인 '리을(ㄹ)'일 것입니다. 'ㄹ'은 속도감이 있어 보이기도 하고 'ㄹ'을 잘 사용한 캘리그래피를 보면 '이게 캘리그래피지!'라는 느낌을 주기도 합니다. 하지만 막상 써보려 하면 잘 써지지 않는 대표적인 자음이기도 합니다.

▲ 캘리그래피 자형에서 가장 대표적인 'ㄹ'의 형태

'ㄹ'을 쉽게 쓸 수 있는 방법이 몇 가지 있습니다. 먼저 숫자 '3'을 활용하는 방법입니다. 숫자 '3'을 쓰고 '3' 아래에 한 개의 획을 추가로 연결하면 'ㄹ'을 쉽게 완성할 수 있습니다. 이 방법으로 'ㄹ'을 쓸 때는 숫자 '3'의 형태에 따라 자형 자체에 변화를 줄 수도 있습니다.

▲ 마지막 획에 하나의 획을 추가로 연결하여 완성한 자형

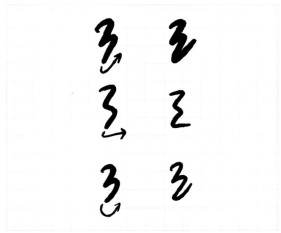

▲ 숫자 '3'의 형태에 따라 달라지는 자형

숫자 '2'와 자음 'ㄴ'을 조합하는 방법도 있습니다. 날렵한 모양으로 숫자 '2'를 쓰고 그 끝에서 앞으로 길게 나오는 'ㄴ'을 연결해 'ㄹ'을 완성합니다. 이때 주의할 점은 'ㄴ'이 너무 짧게 연결되지 않아야 하며 충분히 앞으로 나오게 써야 한다는 것입니다.

다음과 같이 'ㄴ'을 충분히 앞으로 나오게 쓰지 않으면 글자가 뒤로 밀리는 듯한 느낌을 줄 수 있으니 주의합니다.

이번에는 자음 'ㄱ'과 숫자 '2'를 조합하여 'ㄹ'을 완성하는 방법입니다. 이 방법은 'ㄱ'의 세로 획이 대각선으로 쓰일 때 그 모양새가 보기 좋습니다. 따라서 'ㄱ'의 세로 획이 너무 직각으로 내려오지 않도록 주의하여 씁니다.

이처럼 'ㄹ'은 다양한 방법으로 자형을 완성할 수 있습니다. 캘리그래피 작품 내에서 반복적으로 'ㄹ'이 쓰일 때 다양하게 조합하면 지루함을 줄이고 리듬감은 살릴 수 있습니다.

내부에 사각형 공간을 가진 자음 쓰기 – ㅁ, ㅂ, ㅍ

다섯 자음 '미음(ㅁ)', '비읍(ㅂ)', '피읖(ㅍ)', '이응(ㅇ)', '히흫(ㅎ)'의 공통점은 자음 내부에 닫힌 공간을 가지고 있다는 것입니다. 이처럼 내부에 공간을 가지는 자음의 자형을 짜임새 있게 완성하려면 내부 공간을 작게 줄여주면 됩니다.

내부 공간의 모양이 사각형인 자음 'ㅁ', 'ㅂ', 'ㅍ'을 살펴보겠습니다. 먼저 'ㅁ'의 내부 공간을 줄이려면 사각형의 공간을 삼각형에 가깝게 만들어야 합니다. 첫 번째 방법은 숫자 '12'를 사용해서 자음 'ㅁ'의 흘림 형태를 쓰는 동시에 내부 공간을 줄이는 방법입니다. 이때 자음의 아래쪽을 열어두면 공간감을 살리기 좋습니다.

두 번째 방법은 가장 자주 쓰는 'ㅁ'의 완성 방법으로 'ㄴ'과 'ㄱ'을 조합해 완성하는 방법입니다. 이때 내부 공간을 줄이려면 위쪽은 넓고 아래쪽으로 갈수록 좁아지게 써야 합니다. 예를 들어 'ㄴ'의 가로 획을 짧게 쓰면 내부 공간을 효과적으로 줄일 수 있습니다.

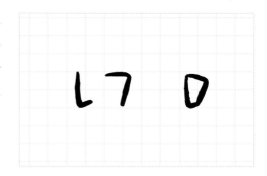

마지막으로 'ㅁ'의 기본 세 가지 획으로 완성하는 방법입니다. 이때는 두 번째 획인 'ㄱ'을 대각선 방향으로 내려가도록 써서 내부 공간을 줄일 수 있습니다.

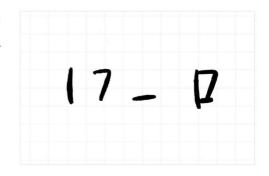

자음 'ㅂ'은 획수와 획순을 달리하는 방법으로 다양한 형태를 만들 수 있습니다. 먼저 'ㅂ'의 기본형인 4획을 활용해 완성하는 방법입니다. 'ㅂ'의 기본형은 세로 획 두 개를 긋고 가로 획 두 개를 마저 그어 완성합니다. 획순을 변경하는 방법은 왼쪽 세로 획을 긋고 위쪽 가로 획을 먼저 그어 위아래 영역을 균일하게 나눠줍니다. 오른쪽의 세로 획을 대각선으로 밀어 넣듯 그어 공간을 줄이고 아래쪽을 가로 획으로 막아 'ㅂ'을 완성합니다.

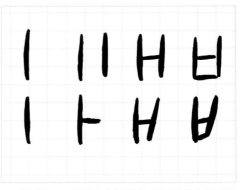

▲ 기본 획순으로 완성한 'ㅂ'과 획순을 바꿔 완성한 'ㅂ'의 내부 공간 차이

이번에는 획수를 달리하여 3획으로 'ㅂ'을 완성하는 방법입니다. 'ㄴ'을 먼저 쓴 다음 오른쪽에 세로 획을 긋고 가운데 가로 획을 그어 완성합니다. 내부 공간을 줄이기 위해 먼저 쓰는 'ㄴ'의 가로 획이 길어지지 않도록 주의합니다.

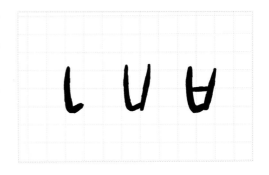

✏️ TIP 아래가 좁아 불안정하게 보일 수 있으므로 가운데 가로 획으로 중심을 잡아줍니다.

2획으로 완성하는 'ㅂ'은 속도감이 느껴지는 작업물에서 흔히 볼 수 있는 형태입니다. 첫 세로 획을 그은 후 두 번째 세로 획은 첫 획의 방향과 같은 방향으로 내려 그어야 합니다. 이 방법으로 쓰면 'ㅂ' 이라도 사각형이 아닌 타원형의 내부 공간을 갖는 자형이 됩니다. 이때 동그랗게 말리는 부분이 바깥으로 빠지지 않도록 주의합니다.

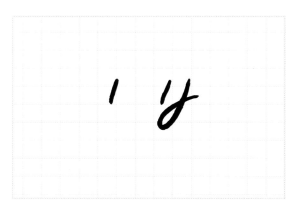

TIP 꾸밈을 위해 지나치게 빠져나오는 획도 자형을 해칠 수 있으니 주의합니다.

'ㅍ' 역시 내부에 공간을 가지고 있는 자형이지만 'ㅁ', 'ㅂ'과 반대로 공간을 열어서 공간감을 확보해야 하는 자음입니다. 여러 획이 부딪히면서 답답한 느낌을 줄 수 있으므로 사이에 있는 세로 획을 대각선 방향으로 쓰고, 첫 세로 획은 획끼리의 연결을 피해 독립적으로 두는 것이 좋습니다.

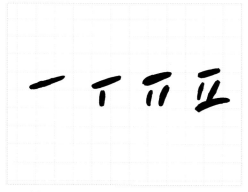

▲ 공간을 확보한 자형의 완성 획순

다음과 같이 모든 획이 붙어 있고, 아래쪽 가로 획에서 두 세로 획이 만나는 형태는 피해야 합니다.

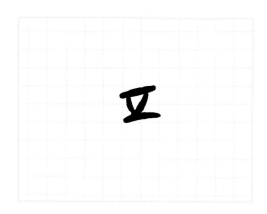

내부에 원형 공간을 가진 자음 쓰기 - ㅇ, ㅎ

자음 'ㅇ'은 한 점에서 시작하여 동일한 점에서 끝나는
자음이므로 공간을 줄이기가 쉽지 않습니다. 'ㅇ'의 공
간을 줄이기 위해 가장 자주 사용하는 방법은 'ㅇ'을 숫
자 '6'의 형태로 쓰면서 내부 공간을 타원형으로 만드
는 방법입니다. 이때는 완전히 닫지 않고 꼬리가 남아
있어도 괜찮습니다.

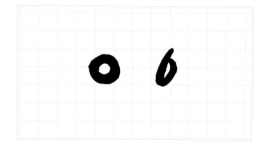

자음 'ㅎ'은 디지털 캘리그래피로 자형을 완성할 때 어려움을 느끼는 대표적인 자음입니다. 자음 'ㅎ'
을 쉽게 완성하기 위해 3획으로 나눠 쓰도록 하겠습니다. 첫 획과 그 아래의 가로 획, 그리고 가로 획
의 끝에서 연결되는 숫자 '6'을 생각하면서 씁니다. 이때 첫 획과 숫자 '6'의 원 부분이 세로로 같은 위
치에 놓여지도록 써야 합니다. 이 부분만 주의하면 'ㅎ'이 훨씬 더 좋은 자형으로 완성됩니다.

이때 중요한 점은 내부 공간이 필요 이상으로 커지지 않도록 숫자 '6'의 크기를 잘 조정하는 것입니
다. 또 디지털 캘리그래피의 특성상 빠른 속도로 쓸 때 브러시에 따라 획이 자동으로 보정되기도 합니
다. '6'을 지나치게 크게 쓰는 경우와 너무 빨리 써서 획이 자동 보정되는 경우 모두 피해야 합니
다. 따라서 숫자 '6'을 쓸 때는 크기를 고려하며 조금 천천히 쓰는 것이 좋습니다.

▲ 좋은 자형

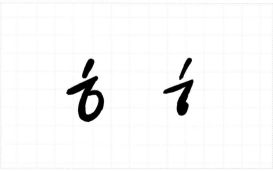

▲ 잘못된 자형

획이 아래로 찍히는 자음 쓰기 - ㅅ, ㅈ, ㅊ

'시옷(ㅅ)', '지읒(ㅈ)', '치읓(ㅊ)' 세 자음은 마지막 획이 아래로 찍힌다는 공통점을 가지고 있습니다.
앞서 학습한 'ㄱ', 'ㄴ', 'ㄷ', 'ㅋ', 'ㅌ'과 마찬가지로 모음의 위치에 따라 마지막 획의 형태가 바뀌는 자
음입니다. 'ㅅ', 'ㅈ', 'ㅊ' 세 자음의 옆으로 모음이 오는 경우 자음의 마지막 획은 다음과 같이 아래를
향하도록 합니다. 획을 아래로 내려 그으면 자음과 모음 사이에 적당한 공간이 생기고 획끼리의 마

찰을 피할 수 있습니다. 주의할 점은 아래로 그은 획이 말려 들어가는 형태가 되지 않도록 해야 한다는 것입니다. 마지막 획이 말려 들어가면 보기 좋지 않은 자형이 됩니다.

▲ 좋은 자형

▲ 잘못된 자형

'ㅅ', 'ㅈ', 'ㅊ' 세 자음의 아래로 모음이 오는 경우에는 다음과 같이 마지막 획을 옆으로 펼쳐 긋습니다. 이렇게 하면 자음과 모음 사이에 적당한 공간을 만들어주면서 균형감 있는 자형을 만들 수 있습니다.

다음은 모음이 아래로 오는 경우와 옆으로 오는 경우가 함께 있는 단어입니다. 모음이 아래로 오는 글자에서는 자음의 마지막 획이 옆으로 펼쳐지고, 모음이 옆으로 오는 글자에서는 자음의 마지막 획이 아래로 찍힙니다. 각 자형의 차이를 확실하게 알 수 있습니다.

마지막으로 'ㅅ', 'ㅈ', 'ㅊ' 세 자음이 받침으로 쓰이는 경우입니다. 세 자음이 받침으로 쓰일 때는 자음의 기본형으로 써야 합니다. 대각선의 획에서 직각으로 그어진 마지막 획을 통해 완성할 수 있습니다.

03 LESSON | 프로 작가처럼 완성하는 한글 캘리그래피

한글 캘리그래피 연결하기 - 니, 노

글자 '니'와 '노'를 한 획으로 쓸 수 있도록 연습하면 한글 캘리그래피를 쓸 때 다양하게 활용할 수 있습니다. 한 획으로 이 두 글자를 완성할 때 주의할 점은 '니'의 세로 획들과 '노'의 가로 획들이 서로 평행하다는 점입니다. 일정한 속도로 기울기를 생각하며 완성합니다.

이렇게 완성한 '니'와 '노'는 획을 더 추가해 다양한 형태의 자형으로 만들어낼 수 있습니다.

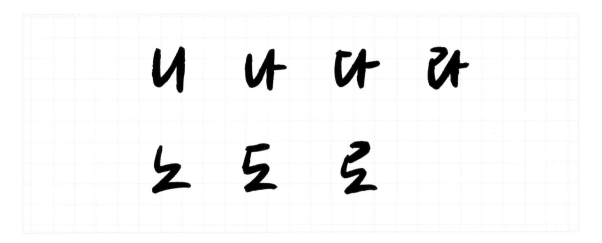

한글 캘리그래피 연결하기 – 모, 보

'ㅁ'과 'ㅂ' 아래로 모음 'ㅗ'가 따라 나오는 경우 획을 연결해 자연스러운 자형을 완성할 수 있습니다. 'ㅁ'의 경우 왼쪽 세로 획을 그은 상태에서 아래로 'ㄹ'을 연결하면 자연스럽게 연결된 '모'가 완성됩니다. '보'는 4획으로 완성하는 'ㅂ'의 형태 중 3획까지 완성된 상태에서 숫자 '2'를 아래에 붙여 완성할 수 있습니다.

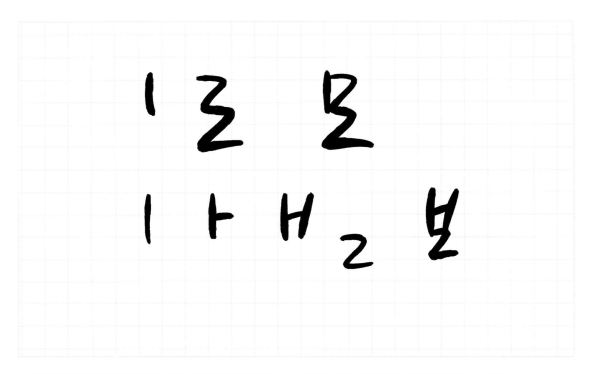

✏️ TIP 빠르게 써서 연결한다고 좋은 것이 아닙니다. 천천히 모양을 보면서 완성합니다.

다양한 브러시 활용하기

한글은 단어가 주는 느낌이 명확합니다. 예를 들어 '단팥빵'이라는 단어는 달콤하고 부드러운 느낌을 줍니다. 이를 다르게 느끼는 경우는 많지 않습니다. 한글로 캘리그래피를 표현할 때 잘 쓰인 좋은 글씨는 과연 어떤 글씨일까요? 기본적으로 좋은 글씨는 단어가 주는 느낌을 그대로 잘 전달한 글씨입니다. 아날로그 캘리그래피에서는 다양하고 차별화된 느낌을 주기 위해 필체를 다양화하거나 여러 도구를 사용합니다. 디지털 캘리그래피에서도 필체를 통해 다양한 느낌을 줄 수 있지만 도구는 바꿀 수 없습니다. 따라서 다양한 브러시를 통해 도구를 바꾼 것과 같은 효과를 줍니다. 다양한 브러시로 작업된 예시를 살펴보면서 느낌이 어떻게 달라지는지 확인해보겠습니다.

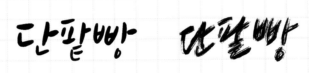

▲ 브러시 종류에 따라 오래된 느낌, 귀여운 느낌, 거친 느낌을 표현

귀여운 느낌의 필체로 쓰기

브러시를 다양하게 쓰면서 필체도 바꿀 수 있다면 더 효과적입니다. 귀여운 느낌의 글씨를 쓰려면 획을 길게 이어서 쓰기보다는 짧은 획으로 쓰는 것이 좋으며, 가는 선보다는 굵은 선을 활용하는 것이 좋습니다. 직선 위주의 글씨보다는 곡선이 많은 글씨가 더 귀여운 느낌을 줍니다. 브러시는 매끄러운 브러시를 사용하는 것이 효과적입니다. 이처럼 몇 가지 규칙만 지켜도 귀여운 느낌의 글씨를 쓸 수 있습니다.

거칠고 속도감 있는 필체로 쓰기

거친 느낌을 표현하고 싶을 때는 각이 많이 생기도록 직선 위주로 쓰고, 오른쪽 위를 향해 올라가는 구도로 쓰는 것이 좋습니다. 브러시 또한 거칠게 만든 브러시를 선택하는 것이 좋습니다. 거칠고 속도감 있는 필체는 주로 진취적인 느낌을 주기 위한 문장에서 자주 사용됩니다.

그리기 가이드를 활용해 문장의 중심 맞추기

단어가 아닌 문장을 완성할 때는 문장의 중심을 맞추는 것이 매우 중요합니다. 캘리그래피는 폰트와 달리 각 글자의 크기가 다르게 쓰이는 것이 일반적입니다. 획 역시 마찬가지입니다. 폰트는 획의 많고 적음이나 강조의 구별 없이 일정하게 쓰이지만 캘리그래피는 획이 많으면 크게 쓰고, 문장 내에서 중요한 단어일 때 크게 쓰는 등 변화를 주는 경우가 많습니다.

행복하세요

캘리그래피에서 각 글씨의 크기를 정할 때 획이 많아 크게 쓰이는 글씨는 직사각형, 획이 적고 작게 쓰이는 글씨는 정사각형이라고 생각하면 편합니다. 중심선이 각각의 직사각형과 정사각형 가운데를 지난다고 생각하면 문장의 중심을 잡기 쉽습니다. 또한 이때 앞서 배운 그리기 가이드를 활용하면 중심선을 쉽게 맞출 수 있습니다.

CHAPTER 02

영문 캘리그래피 쓰기

01 LESSON | 영문 캘리그래피 준비하기

영문과 한글 캘리그래피의 차이

초성, 중성, 종성으로 완성되는 한글과 달리 영문은 옆으로 나열하여 쓴다는 점에서 큰 차이가 있습니다. 연결이 편하다는 장점도 있는 반면 다양함을 보여주기 어렵다는 단점도 있습니다. 또한 한글 캘리그래피의 경우 기본적인 규칙을 제외하면 글씨를 쓰는 사람의 의도가 많이 개입되지만, 영문 캘리그래피는 획을 어떻게 움직여서 써야 하는지 이미 정해져 있으며 그대로 따라 쓰도록 되어 있습니다.

물론 작가의 의도대로 쓸 수 있는 요소들이 있지만 기본적인 단어를 완성하기 위한 방법은 정해져 있으니 천천히 그리고 꾸준히 연습한다면 완성도 높은 영문 캘리그래피를 쓸 수 있습니다. 더군다나 프로크리에이트를 활용해 영문 캘리그래피를 쓸 때는 가이드 라인의 도움을 받을 수 있고 다양한 영문용 브러시도 사용할 수 있습니다.

영문 캘리그래피의 문장 중심 잡기

문장 가운데로 중심을 잡는 한글 캘리그래피와 달리 영문 캘리그래피는 문장 위치만으로 중심을 잡기 어렵습니다. 따라서 영문 캘리그래피를 쓸 때 가이드 라인은 필수입니다. 가이드 라인을 통해 영문 캘리그래피의 중심 잡는 방법을 설명하겠습니다.

❶ 예시 가이드 라인에서 중심은 X-height입니다. ❷ 기준선은 아래의 Baseline이며 ❸ 위쪽으로 올라가는 선은 Ascender Space, ❹ 아래로 내려오는 선은 Descender Space에 위치합니다. ❺ Header의 선은 소문자의 높이를 결정합니다. ❻ 점선으로 표시된 대각선은 Slant이며 기준 기울기를 알려주는 선입니다.

가이드 라인에는 X-height의 높이, Slant의 각도, Ascender Space와 X-height, Descender Space의 비율이 표시되어 있습니다. 손에 맞는 가이드 라인이 있다면 이 비율을 꼭 기억해두는 것이 좋습니다. 다음 그림은 영문 캘리그래피에서 가장 자주 사용되는 값으로 구성된 가이드 라인입니다. X-height는 5mm, Slant는 55°, Ratio는 3:2:3의 값으로 설정되어 있습니다.

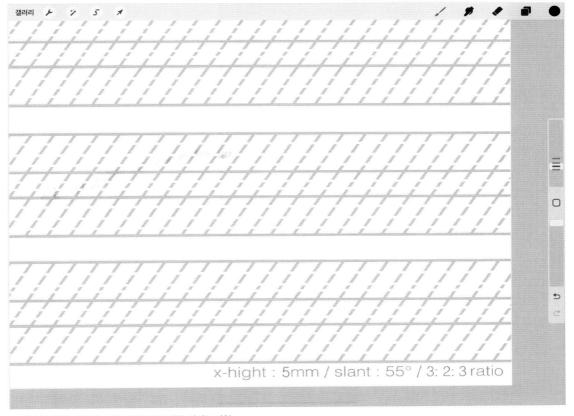

▲ 캘리바이에서 제공하는 영문 캘리그래피 기본 가이드 라인

영문 캘리그래피 가이드 라인 직접 만들기

숙련된 영문 캘리그래피 작가도 작업 시 가이드 라인을 그려 활용할 정도로 영문 캘리그래피에서 가이드 라인은 빼놓을 수 없는 필수 요소입니다. 프로크리에이트를 다루는 만큼 우리 손에 맞는 영문 캘리그래피 가이드 라인을 직접 만들어보겠습니다. 그리기 가이드를 활용하여 최대한 정확한 값으로 만들어봅니다.

01 ❶ 빈 캔버스에서 동작 ✐ 을 터치합니다. ❷ [그리기 가이드]를 터치해서 활성화합니다. ❸ [그리기 가이드 편집]을 터치한 후 ❹ X-height 높이로 만들기 위해 [길이]를 5로 설정합니다.

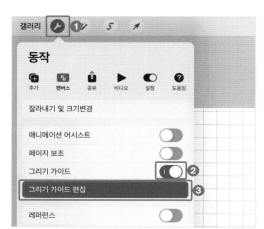 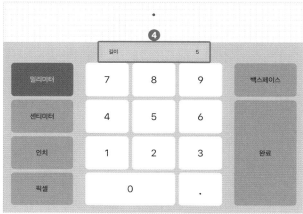

02 ❶ 레이어 ▥를 터치하고 ❷ [레이어 1]을 터치합니다. ❸ [그리기 도우미]를 터치해 활성화합니다.

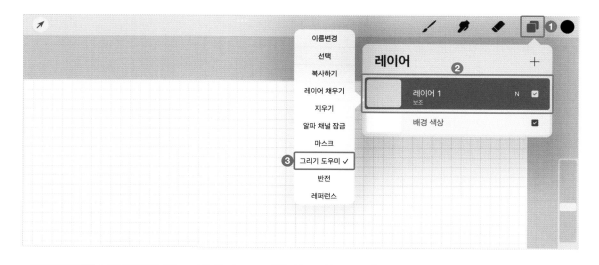

✎ TIP [그리기 도우미]를 활성화하면 그리드 위에만 선이 그어집니다. 가이드 라인을 만들기 위해서는 반듯한 직선이 필요하므로 꼭 [그리기 도우미]를 활성화한 상태에서 선을 긋습니다.

03 2:1:2 비율이 되도록 그리드 위에 선을 긋습니다. [그리기 도우미]가 활성화되어 있으므로 선이 삐뚤어질 걱정 없이 그어도 됩니다. X-height가 5mm인 2:1:2 비율의 가이드 라인이 완성됩니다.

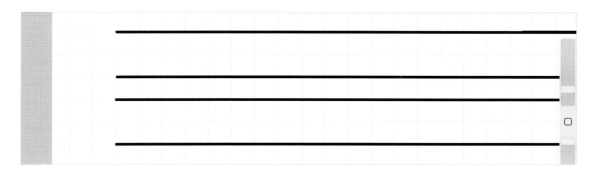

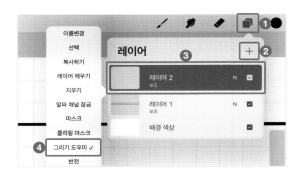

04 ❶ 레이어 를 터치하고 ❷ 새로운 레이어 ➕를 터치해 새 레이어를 생성합니다. ❸ 새로 생성된 [레이어 2]를 터치하고 ❹ [그리기 도우미]를 터치해 활성화합니다. 기울기를 나타내는 Slant를 55°로 긋기 위한 레이어입니다.

05 ❶ 그리드 위에 가로 획을 긋고 ❷ 변형 ⬈ 을 터치합니다. 새로 그은 선이 편집 가능한 상태가 됩니다.

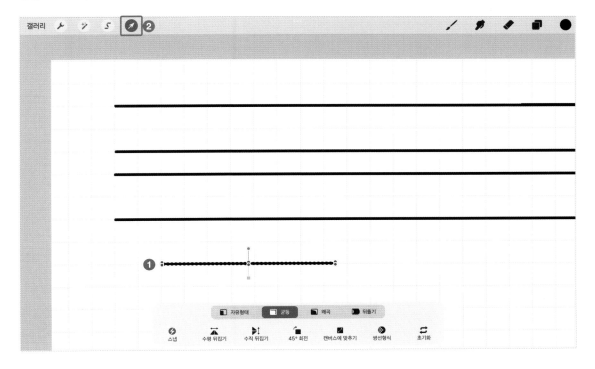

06 ❶ 초록색 조절점을 터치합니다. ❷ [회전] 메뉴가 나타나면 [각도]에 55를 입력합니다.

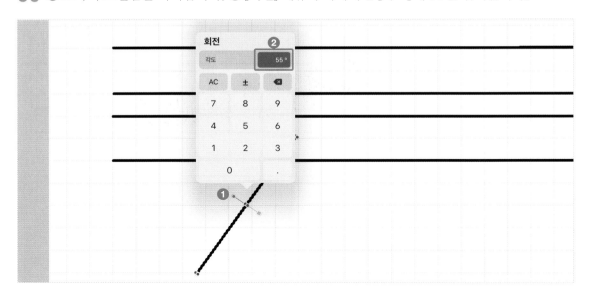

07 ❶ 선을 드래그해 앞서 완성된 가이드 라인 위로 옮깁니다. ❷ 레이어 █를 터치하고 ❸ [레이어 2]를 오른쪽에서 왼쪽으로 슬라이드한 후 ❹ [복제]를 터치해 레이어를 복제합니다. ❺ 가로선의 오른쪽 끝까지 채워지도록 복제하여 일정한 간격으로 배열합니다. X-height는 5mm, Slant는 55°, Ratio는 2:1:2인 가이드 라인이 완성됩니다.

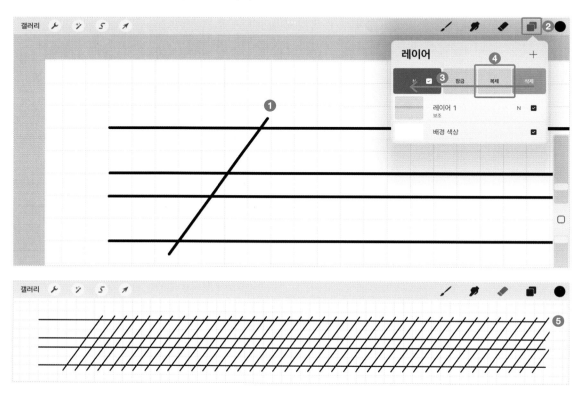

08 ❶ [레이어] 패널에서 [레이어 2]를 터치하고 ❷ 메뉴에서 [아래 레이어와 병합]을 터치합니다. 모든 레이어가 [레이어 1]로 병합됩니다.

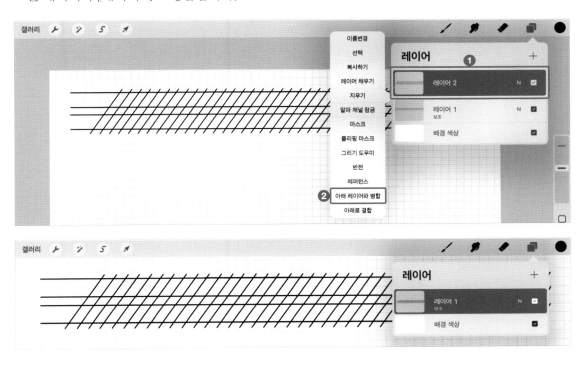

09 ❶ X-height를 나타내는 'X'를 쓰고 ❷ 글씨에 방해되지 않도록 연한 색으로 컬러를 변경합니다.

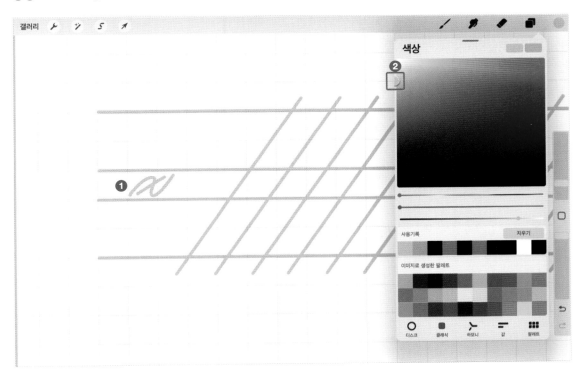

10 완성된 가이드 라인 레이어를 복제하여 아래로 여러 개의 가이드 라인을 만들어줍니다.

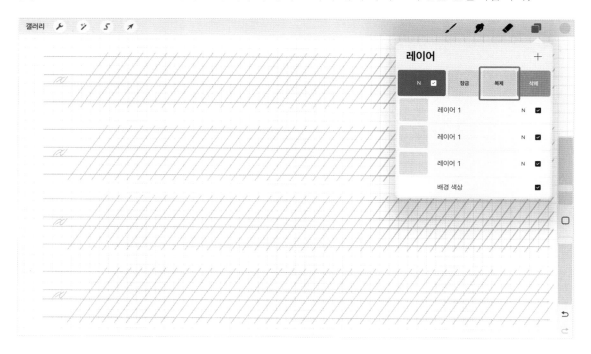

직접 만든 가이드 라인 저장하기

완성된 가이드 라인은 언제든지 불러와 사용하거나 출력하여 사용할 수 있도록 PDF 파일로 저장해 두는 것이 좋습니다.

01 ❶ 동작 🔧 을 터치하고 ❷ [공유]-[이미지 공유]에서 [PDF]를 터치합니다.

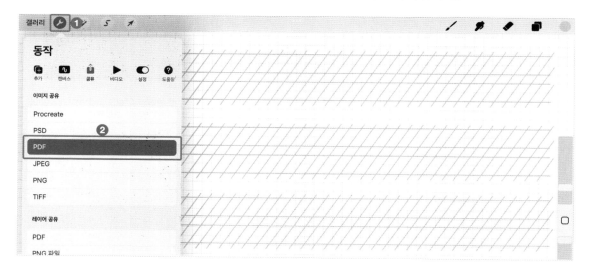

02 ❶ 출력하여 사용할 수 있도록 [PDF 품질 선택]에서 [최상]을 터치한 후 ❷ [파일에 저장]을 터치합니다.

03 저장 위치를 확정하기 전에 충분한 정보를 담아 파일명을 변경합니다. 파일이 많아지면 찾기 어려울 수 있으므로 정보를 포함한 이름이 좋습니다. 여기서는 종이 규격(A4), 높이(5mm), 각도(55°), 비율(2:1:2)의 정보를 담아 이름을 변경했습니다.

04 원하는 위치에 파일을 저장하여 마칩니다. 이렇게 만든 영문 캘리그래피 가이드 라인은 프로크리에이트 외에 만년필이나 기타 다양한 도구를 활용한 아날로그 캘리그래피에서도 가이드 라인으로 활용할 수 있습니다.

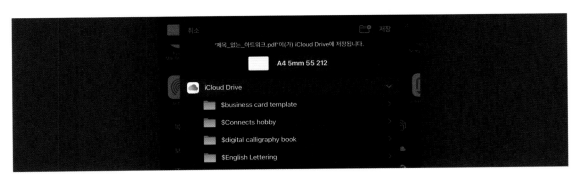

02 LESSON 영문 캘리그래피 시작하기

여덟 가지 기본 스트로크 알아보기

영문 캘리그래피에는 알파벳 쓰는 방법을 익히기 전에 반드시 먼저 알아야 할 여덟 가지 기본 스트로크가 있습니다. 스트로크는 한글 캘리그래피의 획과 비슷한 의미라고 생각하면 됩니다. 각각의 스트로크를 확인하고 가이드 라인 위에서 연습합니다. 영문 캘리그래피의 여덟 가지 기본 스트로크에는 ❶ 업, ❷ 다운, ❸ 언더 턴, ❹ 오버 턴, ❺ 컴파운드 커브, ❻ 오벌, ❼ 디센더 루프, ❽ 어센더 루프 스트로크가 있습니다.

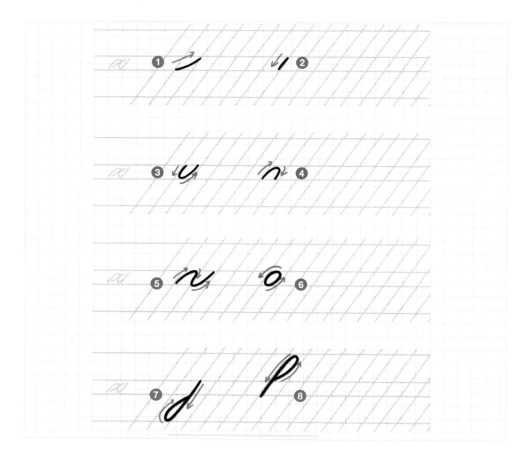

알파벳 기본형 쓰기

여덟 가지 기본 스트로크를 활용하여 알파벳 소문자 a부터 z까지의 기본형을 연습합니다. 한번에 연결해서 쓰는 것이 아니라 꼭 스트로크를 활용하여 완성한다는 점을 기억해야 합니다.

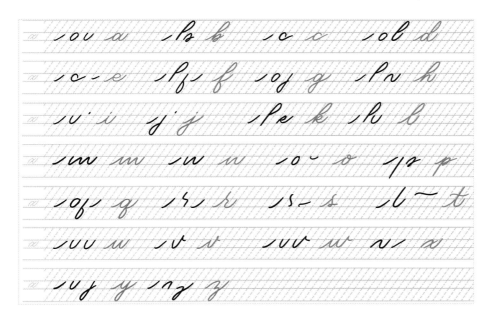

프로크리에이트에서 준비 파일을 불러온 후 ❶ 레이어 ▣를 터치합니다. ❷ 새로운 레이어 ➕를 터치해 새 레이어를 만들고 글씨를 연습합니다. 여러 차례 반복 연습해야 좋은 글씨를 쓸 수 있습니다.

🖐 **준비 파일** | PART02\CHAPTER02\영문 알파벳 연습하기.procreate

대문자의 경우 스트로크가 나누어지지 않고 한번에 한 스트로크로 쓰이는 경우가 있으므로 각 대문자 알파벳의 스트로크를 잘 확인하도록 합니다. 대문자를 연습할 때는 천천히 따라 써보는 것이 중요합니다.

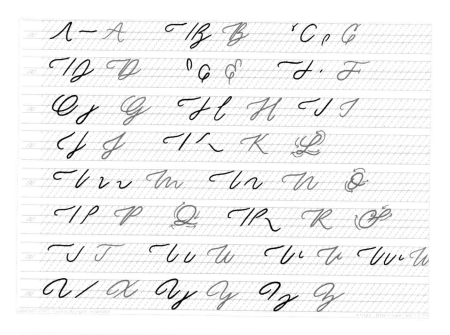

✏️ TIP 자형에 익숙해지기 전까지는 획의 굵기가 변하지 않는 브러시를 선택하는 것이 좋습니다.

❶ 레이어 ■를 터치한 후 ❷ [소문자] 레이어와 ❸ 소문자를 연습한 레이어를 비활성화합니다. ❹ [대문자] 레이어를 활성화한 후 ❺ 새로운 레이어 ➕를 터치해 새 레이어를 만들고 글씨를 연습합니다.

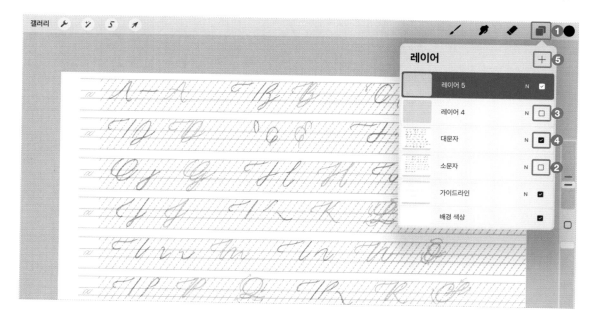

영문 로고형 문장 따라 쓰기

영문 캘리그래피는 단어의 구도를 다양하게 하여 로고의 형태로 만들어내기 쉽습니다. 다음의 연습 자료를 불러와 따라 써보는 연습을 합니다.

준비 파일 | PART02\CHAPTER02\영문 로고 쓰기1.procreate

Hello   Awesome   I love you

thank you   I'm sorry

Good morning   happy Birthday

캐주얼하고 트렌디한 문장 쓰기

영문 캘리그래피는 쓰는 방법이 정해져 있지만 정해진 방법이 아닌 캐주얼한 느낌의 글씨를 함께 써서 트렌디하고 세련된 문장을 완성할 수도 있습니다. 글자의 다양한 굵기 변화, 재미 요소의 추가, 스트로크 형태의 변화 등을 조합해 영문 캘리그래피를 다양한 방법으로 디자인할 수 있습니다.

준비 파일 | PART02\CHAPTER02\영문 로고 쓰기2.procreate

PART 03

프로크리에이트에서
캘리그래피 쓰기

한글 캘리그래피 문장 쓰기

미리 보기

기분 좋은 날엔 글씨 한 장

빗 속을 폴짝 폴짝

별빛 우물에 퐁당

🖐 **준비 파일** | PART03\CHAPTER01\부드럽고 귀여운 한 줄 문장 쓰기.procreate

글씨에 부드럽고 귀여운 느낌을 주기 위해서 곡선을 활용해 쓰는 것이 포인트입니다. 긴 획을 쓰기보다는 짧은 획으로 끊어 쓸 때 귀엽고 몽글몽글한 느낌이 잘 표현됩니다.

예제 레이어 준비하기

01 준비 파일을 불러옵니다. ❶ 레이어 █를 터치하고 ❷ [기분 좋은 날엔~] 레이어를 선택한 후 ❸ 새로운 레이어 ➕를 터치해 새 레이어를 만듭니다. 글씨 연습은 새 레이어에서 진행합니다.

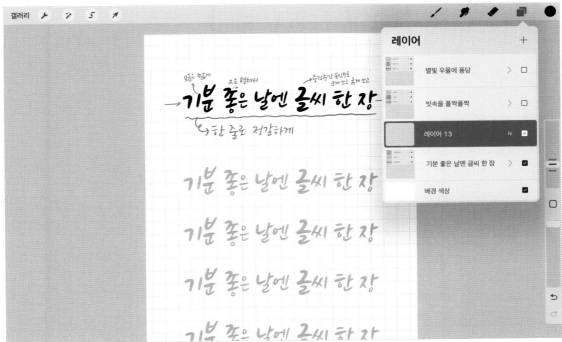

포인트를 주면서 쓰기

02 설명을 보면서 한 글자씩 따라 씁니다. '기분 좋은 날엔 글씨 한 장'이라는 문장입니다. ❶ '기분'을 쓸 때는 모음을 짧게 하고 ❷ '좋은'을 쓸 때 자음 'ㅈ'은 펼친 형태로 전체적인 균형을 생각하며 씁니다. ❸ 항상 중심을 유지하고 ❹ 중간중간 크게 쓰거나 굵게 쓰는 등 포인트를 줍니다.

- 브러시 종류 | [CB Class Pack]-[CB Posca Edition Book * 1]
- 브러시 크기 | 15%

다음 문장 레이어 준비하기

03 다음으로 '빗속을 폴짝폴짝'이라는 문장을 써보겠습니다. ❶ 레이어▣를 터치하고 ❷ [기분 좋은 날엔~] 레이어와 [레이어 13] 레이어를 비활성화합니다. ❸ [빗속을 폴짝폴짝] 레이어를 선택한 후 ❹ 새로운 레이어➕를 터치해 위쪽으로 새 레이어를 만듭니다.

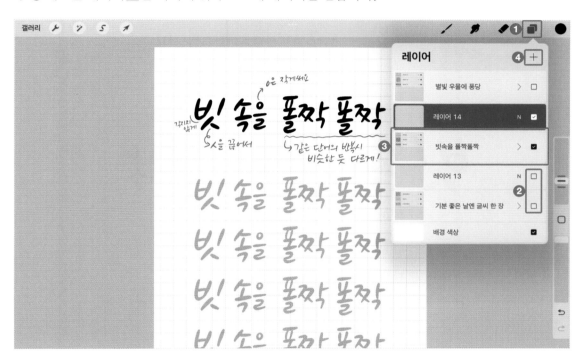

준비 파일 구성 알아보기

PART 03의 준비 파일은 다음과 같이 각 레슨마다 그룹 레이어로 구성되어 있습니다. 준비 파일을 불러온 후 쓰고 싶은 문장 레이어 위에 새 레이어를 생성하고, 필요하지 않은 레이어는 체크를 해제해 보이지 않게 설정합니다.

같은 단어를 반복하며 쓰기

04 ❶ '빗'을 쓸 때 'ㅂ'은 각지지 않게 쓰고, 'ㅅ'은 끊어서 쓰도록 합니다. ❷ '속을'의 'ㅇ'은 작게 써서 리듬감을 주고 ❸ '폴짝폴짝'처럼 같은 단어를 반복할 때는 글자마다 크기를 다르게 하여 비슷한 듯 다른 느낌을 줄 수 있도록 합니다.

- 브러시 종류 | [CB Class Pack]–[CB Posca Edition Book * 1]
- 브러시 크기 | 15%

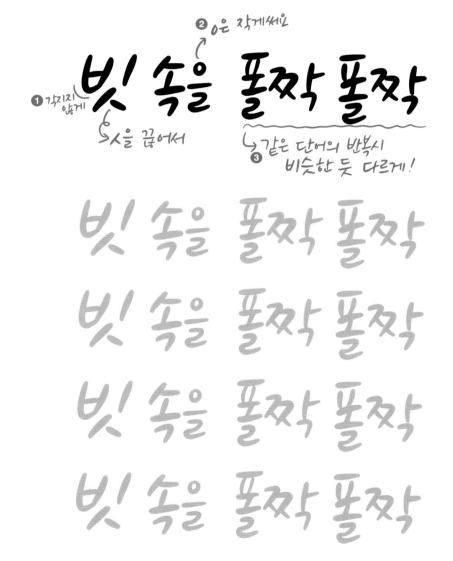

글씨 크기를 다르게 하여 쓰기

05 다음은 '별빛 우물에 퐁당'이라는 문장입니다. ❶ '별'을 쓸 때는 획을 떨어뜨려서 쓰고 ❷ '우물'의 'ㅁ'은 'ㄴ'과 'ㄱ'을 조합해 곡선형의 'ㅁ'을 써줍니다. ❸ 글씨 크기는 모두 다르게 하여 리듬감을 줍니다.

- 브러시 종류 | [CB Class Pack]−[CB Posca Edition Book * 1]
- 브러시 크기 | 15%

02 LESSON | 감성적이고 기분 좋은 문장 쓰기

미리 보기

기쁜 발걸음으로
꽃 밭을 달리던
그 날의 우리는

소란하고
유별난
사랑이야기

그럼 부디 오늘도
좋은 밤을 깊게 날아요

오늘의 그대는
안녕한가요?
- 안녕하세요 -

 준비 파일 | PART03\CHAPTER01\감성적이고 기분 좋은 문장 쓰기.procreate

부드럽고 귀여운 필체로 감성적인 문장을 써봅니다. 긴 문장을 쓸 때는 중간에 그림 등으로 포인트를 주어 색다른 느낌을 표현할 수 있습니다.

예제 레이어 준비하기

01 준비 파일을 불러옵니다. ❶ 레이어 🔲를 터치하고 ❷ [기쁜 발걸음으로~] 레이어를 선택한 후 ❸ 새로운 레이어 ➕를 터치해 새 레이어를 만듭니다. 글씨 연습은 새 레이어에서 진행합니다.

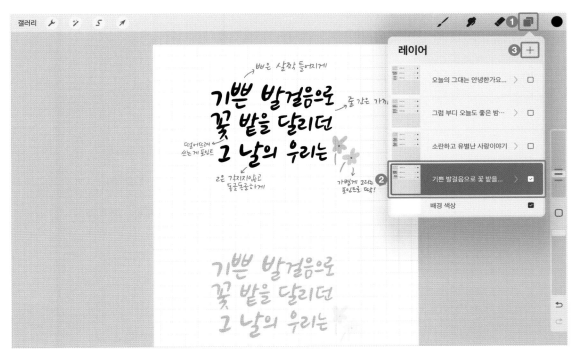

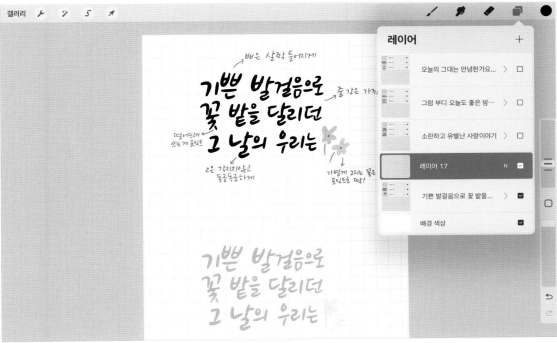

포인트를 주면서 긴 문장 쓰기

02 설명을 보면서 한 글자씩 따라 씁니다. '기쁜 발걸음으로 꽃밭을 달리던 그날의 우리는'이라는 문장입니다. ❶ 첫 문장에서는 'ㅃ'을 살짝 틀어지게 씁니다. ❷ 중간 문장에서 '꽃'의 'ㅊ' 받침을 살짝 떨어뜨려 쓰면 공간감이 살아납니다. ❸ 각 문장의 줄 간격은 좁게 하고 ❹ 문장과 어울리는 그림도 살짝 그려주면 포인트를 주기 좋습니다.

- 브러시 종류 | [CB Class Pack]−[CB Posca Edition Book * 1]
- 브러시 크기 | 15%

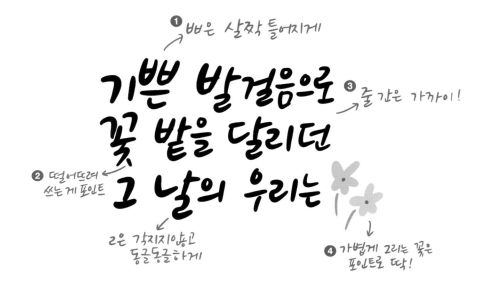

드라마, 영화 타이틀 느낌으로 쓰기

03 다음은 '소란하고 유별난 사랑이야기'라는 문장입니다. 글자 수가 적어 한 줄로도 쓸 수 있지만 행갈이를 해주면 드라마나 영화 타이틀처럼 표현할 수 있습니다. ❶ '소'와 같이 모음을 끊어주는 형태는 리듬감을 줍니다. ❷ 컬러나 소소한 효과를 통해 포인트를 줄 수 있고 ❸ 문장의 핵심 단어는 조금 크게 써주면 좋습니다.

• 브러시 종류 | [CB Class Pack]–[CB Posca Edition Book * 1]
• 브러시 크기 | 15%

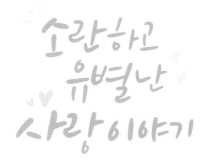

한 덩어리로 보이도록 쓰기

04 다음은 '그럼 부디 오늘도 좋은 밤을 깊게 날아요'라는 문장입니다. ❶ 첫 문장에서는 짧은 획으로 포인트를 주고 ❷ 아래쪽 문장은 위쪽 문장의 빈 공간에 글씨를 밀어 넣듯이 쓰면서 ❸ 전체 문장이 한 덩어리처럼 보이게 하는 것이 중요합니다. ❹ 마지막 글씨인 '요'도 획을 짧게 하되 획이 모이지 않도록 하여 통일감을 주는 것이 포인트입니다.

- 브러시 종류 | [CB Class Pack]−[CB Posca Edition Book * 1]
- 브러시 크기 | 15%

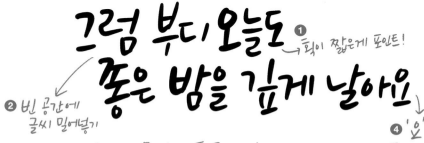

크기를 다르게 하여 입체감 있게 쓰기

05 다음은 '오늘의 그대는 안녕한가요? −안녕하세요−'라는 문장입니다. ❶ 부제 스타일로 문장을 꾸미고 ❷ 아래 문장에 'ㅇ'이 많은 것처럼 같은 자음이 반복될 때는 각 자음을 조금씩 다르게 써주려는 노력이 필요합니다. ❸ 글씨 크기를 다르게 하여 써주면 훨씬 입체감 있게 표현할 수 있습니다.

- 브러시 종류 | [CB Class Pack]−[CB Posca Edition Book * 1]
- 브러시 크기 | 15%

❸ ➔글씨 크기를 다르게 하여
입체감을 높여줘요

❷ ㅇ이 많을 땐
조금씩 다르게 써요

오늘의 그대는
안녕한가요?

− 안녕하세요 −

➔❶부제 스타일도 좋은 꾸미기 팁!

오늘의 그대는
안녕한가요?

− 안녕하세요 −

오늘의 그대는
안녕한가요?

− 안녕하세요 −

03 LESSON 옛 느낌 물씬 풍기는 추억 문장 쓰기

미리 보기

혼스럽던 청국장 냄새는
어느 순간 눈물 버튼이 되었다-

오늘의 그대도 내일의 그대도
걱정없이 행복하시오

고등어 구이를 먹자.
우리 엄마를 떠올리게 해주는.

고등어 구이를 먹어보자

걱정없이 행복한 날들이
그대 삶에 가득하길 바라오

🖐 **준비 파일** | PART03\CHAPTER01\옛 느낌 물씬 풍기는 추억 문장 쓰기.procreate

캘리그래피에서 가장 어려운 일은 글씨에 다양한 느낌을 주는 것입니다. 아날로그 캘리그래피에서 다양한 느낌을 주기 위해 여러 가지 도구를 사용하는 것처럼 프로크리에이트의 여러 브러시를 활용하면 보다 쉽게 다양한 느낌을 표현할 수 있습니다. 새로운 브러시를 활용해 옛 느낌이 묻어나는 글씨를 완성해보겠습니다. 이 예제에서 사용하는 브러시는 필압 조절에 주의해야 합니다.

예제 레이어 준비하기

01 준비 파일을 불러옵니다. ❶ 레이어 📑 를 터치하고 ❷ [촌스럽던 청국장~] 레이어를 선택한 후 ❸ 새로운 레이어 ➕ 를 터치해 새 레이어를 만듭니다. 글씨 연습은 새 레이어에서 진행합니다.

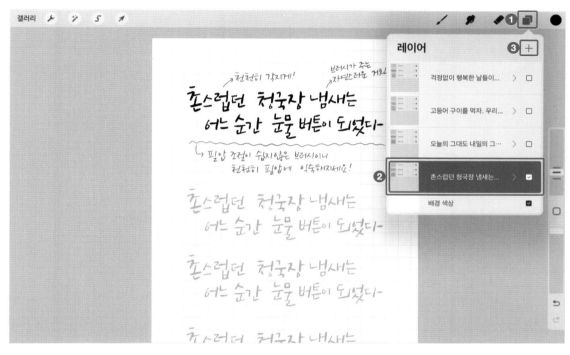

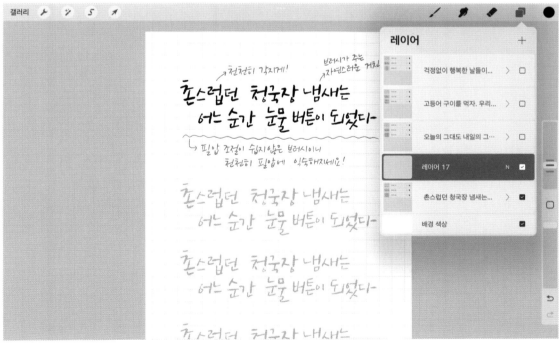

필압 조절하며 각지게 쓰기

02 설명을 보면서 한 글자씩 따라 씁니다. '촌스럽던 청국장 냄새는 어느 순간 눈물 버튼이 되었다' 라는 문장입니다. ❶ 'ㄹ'을 쓸 때는 천천히 써서 각진 형태로 만드는 것이 중요합니다. ❷ 브러시가 주는 자연스러운 거친 느낌을 잘 살리면서 ❸ 필압에 익숙해지도록 천천히 연습합니다.

- 브러시 종류 | [CB Pro Ganjang]–[CB Pro Ganjang 2]
- 브러시 크기 | 5%

❶ →천천히 각지게!
❷ 브러시가 주는
→자연스러운 거친 느낌

촌스럽던 청국장 냄새는
어느 순간 눈물 버튼이 되었다

❸ →필압 조절이 쉽지않은 브러시이니
천천히 필압에 익숙해지세요!

촌스럽던 청국장 냄새는
어느 순간 눈물 버튼이 되었다

촌스럽던 청국장 냄새는
어느 순간 눈물 버튼이 되었다

촌스럽던 청국장 냄새는
어느 순간 눈물 버튼이 되었다

모음과 받침을 자유롭게 쓰기

03 다음은 '오늘의 그대도 내일의 그대도 걱정 없이 행복하시오'라는 문장입니다. ❶ 각지지 않은 형태의 'ㄹ'을 쓸 때는 필압에 주의하며 써야 합니다. ❷ '도'의 모음처럼 글자를 모두 똑같은 스타일로 통일하거나 연결하지 않아도 되며 ❸ '없'을 쓸 때도 받침이 모음을 벗어나듯 자유롭게 씁니다. ❹ 문장을 쓸 때는 중심 유지에도 신경 씁니다.

- 브러시 종류 | [CB Pro Ganjang]−[CB Pro Ganjang 2]
- 브러시 크기 | 5%

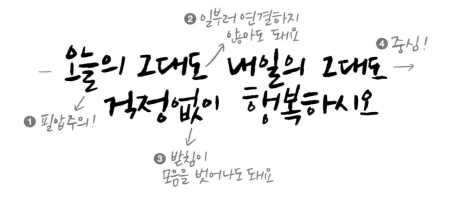

강조 공간을 만들며 쓰기

04 다음은 '고등어 구이를 먹자. 우리 엄마를 떠올리게 해주는. 고등어 구이를 먹어보자'라는 다소 긴 문장입니다. ❶ 같은 단어가 반복될 때는 조금씩 차이를 주어 비슷한 듯 다르게 써주고 ❷ 조사인 '를'도 반복되므로 자음의 길이를 조절해 다양한 형태로 꾸며봅니다. ❸ 문장의 호흡에 따라 적절하게 행을 띄워서 강조하듯 써주면 좋습니다.

- 브러시 종류 | [CB Pro Ganjang]−[CB Pro Ganjang 2]
- 브러시 크기 | 5%

❷ ㄹ은 길이를 조절하여
다양한 형태로 꾸며요

고등어 구이를 먹자.
우리 엄마를 떠올리게 해주는.

모음의 목을 길게 꾸미는 포인트!

고등어 구이를 먹어보자

❶ 같은
단어는
비슷한 듯
다르게

❸ 적절한 공간은
강조에 좋습니다

고등어 구이를 먹자.
우리 엄마를 떠올리게 해주는.

고등어 구이를 먹어보자

고등어 구이를 먹자.
우리 엄마를 떠올리게 해주는.

고등어 구이를 먹어보자

굵기를 조절하며 쓰기

05 다음은 '걱정 없이 행복한 날들이 그대 삶에 가득하길 바라오'라는 문장입니다. ❶ 브러시 크기가 아닌 필압으로 굵기를 조절하면서 다양하게 문장을 써봅니다. ❷ 앞서 085쪽에서 학습한 것처럼 'ㅇ'을 쓸 때는 모양을 삼각형에 가깝게 써주면 쉽습니다. ❸ 'ㅣ'와 'ㅏ'처럼 세로 획인 모음이 많은 경우에는 각 모음의 방향을 조금씩 다르게, 자유롭게 조절하면서 써줍니다.

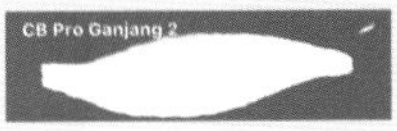
CB Pro Ganjang 2

- 브러시 종류 | [CB Pro Ganjang]–[CB Pro Ganjang 2]
- 브러시 크기 | 5%

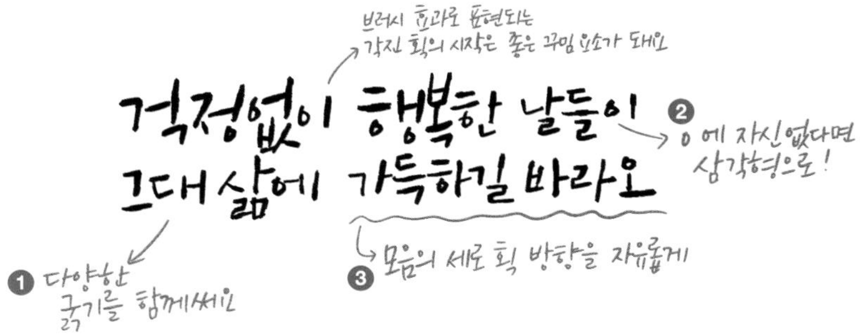
브러시 효과로 표현되는
각진 획의 시작은 좋은 구성 요소가 돼요
걱정없이 행복한 날들이
그대 삶에 가득하길 바라오
❷ ㅇ에 자신없다면
삼각형으로!
❶ 다양한
굵기를 함께 써요
❸ 모음의 세로 획 방향을 자유롭게

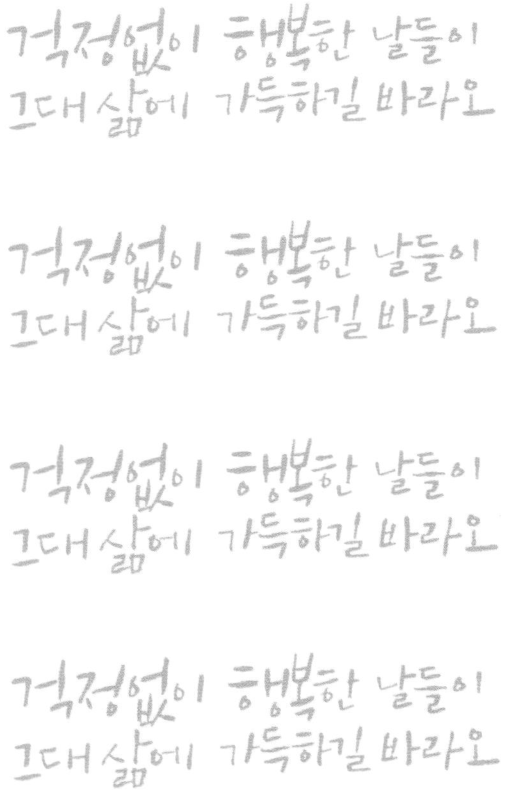
걱정없이 행복한 날들이
그대 삶에 가득하길 바라오
걱정없이 행복한 날들이
그대 삶에 가득하길 바라오
걱정없이 행복한 날들이
그대 삶에 가득하길 바라오
걱정없이 행복한 날들이
그대 삶에 가득하길 바라오

04 LESSON 프로 작가의 디테일이 다른 문장 쓰기

미리 보기

고래가 춤추는 넓은 바다를
꿈꾸는 나는 고래를 꿈꾸는가?
아니면 바다를 꿈꾸는 것일까?

밤 하늘의 별은
구름에 가려질 순 있어도
사라지지 않아-
언제나 빛나고 있는
널 믿어봐

갑자스런 감성 난입은
적극 환영합니다

멀리서 보는 우리 모두의 삶은
저 마다의 박자에 맞춰
반짝반짝 빛난다고 한다

👆 **준비 파일** | PART03\CHAPTER01\프로 작가의 디테일이 다른 문장 쓰기.procreate

비슷한 느낌을 주지만 디테일이 다른 새로운 브러시를 사용해 프로 작가처럼 캘리그래피를 써보겠습니다. 다양한 꾸밈 글씨로 조금 다른 느낌의 문장을 쓸 수 있습니다.

예제 레이어 준비하기

01 준비 파일을 불러옵니다. ❶ 레이어 🗇 를 터치하고 ❷ [멀리서 보는 우리~] 레이어를 선택한 후 ❸ 새로운 레이어 ＋ 를 터치해 새 레이어를 만듭니다. 글씨 연습은 새 레이어에서 진행합니다.

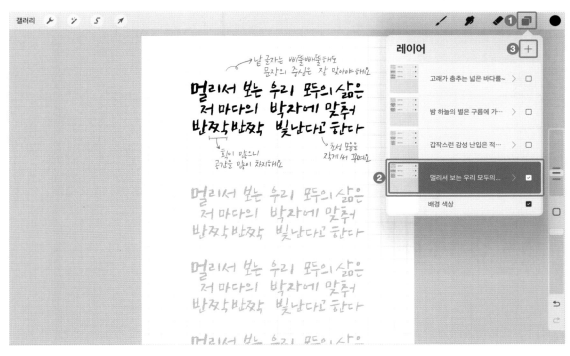

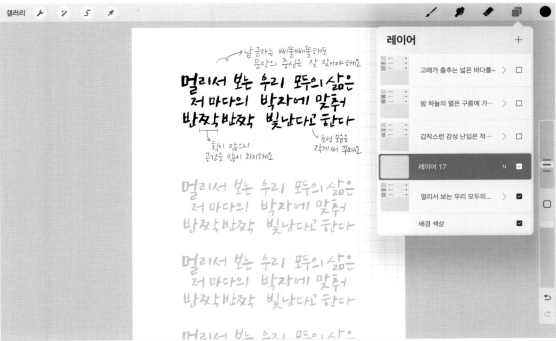

삐뚤빼뚤하게 쓰기

02 설명을 보면서 한 글자씩 따라 씁니다. '멀리서 보는 우리 모두의 삶은 저마다의 박자에 맞춰 반짝반짝 빛난다고 한다'라는 문장입니다. ❶ 글자를 삐뚤빼뚤하게 쓰더라도 문장의 중심은 벗어나지 않도록 주의합니다. ❷ '짝'처럼 획이 많은 글씨는 공간을 많이 차지하도록 써서 포인트를 주고 ❸ 몇몇 글씨는 초성의 모음을 작게 꾸며 씁니다.

- 브러시 종류 | [CB Pro Coarse]–[CB Pro Coarse 7]
- 브러시 크기 | 5%

❶ 낱 글자는 삐뚤빼뚤해도
문장의 중심은 잘 맞아야해요

멀리서 보는 우리 모두의 삶은
저 마다의 박자에 맞춰
반짝반짝 빛난다고 한다

❷ 획이 많으니
공간을 많이 차지해요

❸ 초성 모음을
작게 써서 꾸며요

멀리서 보는 우리 모두의 삶은
저 마다의 박자에 맞춰
반짝반짝 빛난다고 한다

멀리서 보는 우리 모두의 삶은
저 마다의 박자에 맞춰
반짝반짝 빛난다고 한다

멀리서 보는 우리 모두의 삶은
저 마다의 박자에 맞춰
반짝반짝 빛난다고 한다

첫 글자로 시선을 집중시키기

03 다음은 '갑작스런 감성 난입은 적극 환영합니다'라는 문장입니다. 가벼운 문장도 충분히 멋진 캘리그래피 작품이 될 수 있습니다. ❶ 크게 쓴 첫 글자는 시선을 집중시키는 효과가 있으니 첫 글자를 크게 써봅니다. ❷ '은'처럼 받침이 있는 글씨의 경우 초성과 받침이 꼭 모음의 중간에 위치할 필요는 없습니다.

- 브러시 종류 | [CB Pro Coarse]–[CB Pro Coarse 7]
- 브러시 크기 | 5%

줄 간격에 주의하며 쓰기

04 다음은 '밤하늘의 별은 구름에 가려질 순 있어도 사라지지 않아 언제나 빛나고 있는 널 믿어봐' 라는 문장입니다. ❶ 강조하고 싶은 단어는 굵게 쓰고 ❷ 긴 문장일수록 줄 간격이 너무 벌어지거나 좁아지지 않도록 신경 씁니다.

- 브러시 종류 | [CB Pro Coarse]–[CB Pro Coarse 7]
- 브러시 크기 | 5%

❶ 강조하고 싶은
단어는 굵게

밤 하늘의 별은
구름에 가려질 순 있어도
사라지지 않아~
언제나 빛나고 있는
널 믿어봐

❷ 문장이 길어지면
줄간격에 신경쓰세요

＊다양한 구도를 시도해보세요

밤 하늘의 별은
구름에 가려질 순 있어도
사라지지 않아~
언제나 빛나고 있는
널 믿어봐

강약 조절하며 쓰기

05 다음은 '고래가 춤추는 넓은 바다를 꿈꾸는 나는 고래를 꿈꾸는가? 아니면 바다를 꿈꾸는 것일까?'라는 문장입니다. ❶ 중복되는 단어는 강약 조절을 위해 크기와 굵기를 다르게 쓰되 ❷ 자형의 기본적인 스타일은 일관되게 유지합니다. ❸ 이 문장에서 중요한 점은 줄마다 글자의 개수가 비슷하거나 같을 때 꼭 정렬하지 않아도 된다는 것입니다.

- 브러시 종류 | [CB Pro Coarse]–[CB Pro Coarse 7]
- 브러시 크기 | 5%

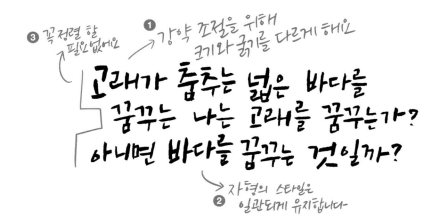

05 LESSON

광고 카피처럼 과감하게 문장 쓰기

미리 보기

🖐 **준비 파일** | PART03\CHAPTER01\광고 카피처럼 과감하게 문장 쓰기.procreate

광고에서 흔히 볼 수 있는 캘리그래피의 특징은 날렵하고 과감한 표현이라고 할 수 있습니다. 정갈한 형태에서 벗어나 과감한 표현을 연습해봅니다.

예제 레이어 준비하기

01 준비 파일을 불러옵니다. ❶ 레이어 ▣를 터치하고 ❷ [헬로, 봄 꽃처럼 피어라] 레이어를 선택한 후 ❸ 새로운 레이어 ➕를 터치해 새 레이어를 만듭니다. 글씨 연습은 새 레이어에서 진행합니다.

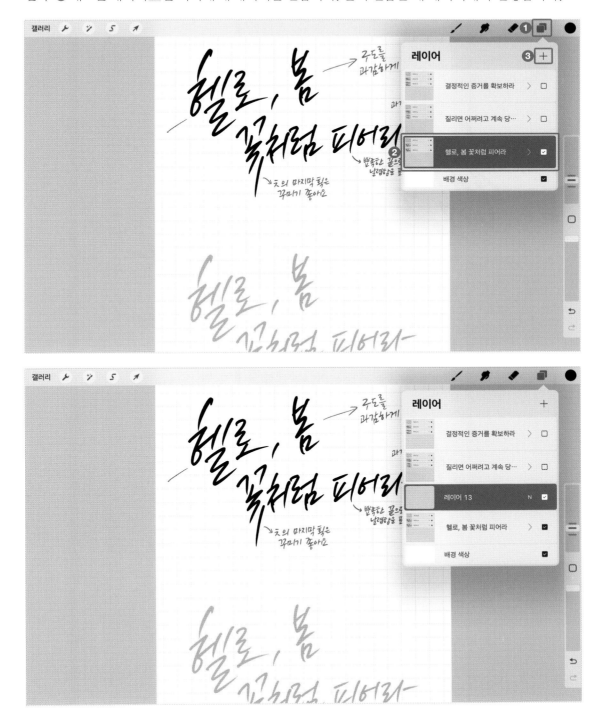

과감한 구도로 쓰기

02 설명을 보면서 한 글자씩 따라 씁니다. '헬로, 봄 꽃처럼 피어라'라는 문장입니다. ❶ 광고 카피는 구도를 과감하게 잡을수록 효과적으로 표현할 수 있습니다. ❷ '꽃'의 'ㅊ'처럼 아래로 떨어지는 받침은 마지막 획을 꾸미기에 좋습니다. ❸ 모음의 끝을 뾰족하게 써서 날렵함을 표현할 수도 있습니다.

- 브러시 종류 | [CB Pro Pen Type]−[CB Pro Pen Type 3]
- 브러시 크기 | 15%

헬로, 봄
꽃처럼 피어라~

❶ 구도를
과감하게 잡아요

과감한
획분리와
획의 확장

❸ 뾰족한 끝으로
날렵함을 표현해요

❷ ㅊ의 마지막 획은
꾸미기 좋아요

헬로, 봄
꽃처럼 피어라~

확장과 방향에 주의하며 쓰기

03 다음은 '질리면 어쩌려고 계속 당기는 거야 밤에 먹는 라면'이라는 문장입니다. 글자의 진행 방향을 위아래로 열어주는 것이 포인트입니다. ❶ 이때 '속'은 아래쪽으로 열고 ❷ '질'은 위쪽으로 열어서 한쪽 방향으로만 확장되는 것을 방지합니다. ❸ '야'와 '면'처럼 문장을 마무리하는 글자는 오른쪽으로 확장하여 꾸며줍니다.

- 브러시 종류 | [CB Pro Pen Type]–[CB Pro Pen Type 3]
- 브러시 크기 | 10%

❷ 한 방향으로의
↑ 확장 방지

질리면 어쩌려고 ❸ 확장으로 꾸밈
계속 당기는거야 ↑

❶ 방향을
열어주는   밤에 먹는 라면 →
효과가 있어요   확장

질리면 어쩌려고
계속 당기는거야

밤에 먹는 라면

질리면 어쩌려고
계속 당기는거야

밤에 먹는 라면

기울기를 활용해 역동적으로 쓰기

04 다음은 '결정적인 증거를 확보하라'라는 문장입니다. ❶ 이와 같은 광고 카피의 역동적인 표현은 기울기를 통해 구현할 수 있습니다. ❷ 날카롭고 정돈되지 않은 느낌이 중요하고 ❸ 'ㄹ'은 '2'와 'ㄴ'을 연결한 듯 써주면 긴박함도 표현해줄 수 있습니다. '2'와 'ㄴ'이 연결된 'ㄹ'을 쓰는 방법에 대해서는 081쪽을 참고합니다.

- 브러시 종류 | [CB Pro Pen Type]–[CB Pro Pen Type 3]
- 브러시 크기 | 10%

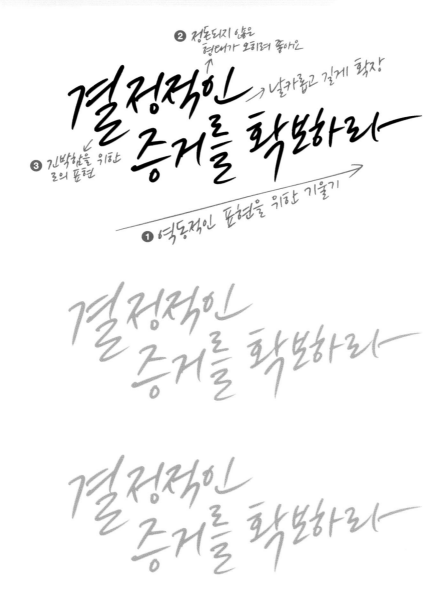

CHAPTER 02

영문 캘리그래피
문장 쓰기

미리 보기

👆 **준비 파일** | PART03\CHAPTER02\잡지 스타일의 영문 문장 쓰기.procreate

100쪽에서 학습했듯이 가이드 라인을 활용하여 기본적인 영문 알파벳 쓰기 방법을 연습할 수 있습니다. 본격적으로 문장 형태의 영문 캘리그래피를 쓸 준비가 되었다면 과감하게 연습해봅니다.

예제 레이어 준비하기

01 준비 파일을 불러옵니다. ❶ 레이어 🖿를 터치하고 ❷ [Don't Worry~] 레이어를 터치한 후 ❸ 새로운 레이어 ➕를 터치해 새 레이어를 만듭니다. 글씨 연습은 새 레이어에서 진행합니다.

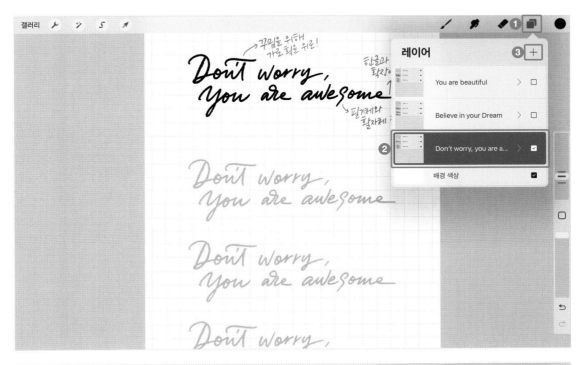

필기체와 활자체 조합해 쓰기

02 설명을 보면서 한 글자씩 따라 씁니다. 'Don't worry, you are awesome'이라는 문장입니다. ❶ 'Don't'를 쓸 때는 't'를 꾸며주기 위해 가로 획을 앞선 알파벳의 위로 과감히 올려줍니다. ❷ 필기체와 활자체를 잘 조합하면서 써주고 ❸ 마지막 알파벳의 끝단은 가로로 길게 확장해줍니다.

- 브러시 종류 | [CB Pro English Combine]−[CB Pro English Clr 2]
- 브러시 크기 | 10%

스타일을 일정하게 유지하며 쓰기

03 다음은 'Believe in your Dream'이라는 문장입니다. ❶ 전체 스타일을 일정하게 유지하면 정갈한 느낌을 줄 수 있습니다. ❷ 모든 소문자가 꼭 필기체처럼 연결될 필요는 없습니다.

- 브러시 종류 | [CB Pro English Combine]–[CB Pro English Clr 2]
- 브러시 크기 | 10%

❶ 전체 스타일을 일정하게 유지해요

Believe in your Dreams

❷ 꼭 연결되지 않아도 괜찮아요

다양한 브러시로 완성해보세요

Believe in your Dreams

Believe in your Dreams

천천히 과감하게 쓰기

04 다음은 'You are beautiful'이라는 문장입니다. ❶ 영문 캘리그래피를 쓸 때 가장 중요한 점은 절대로 빨리 쓰지 않는 것입니다. ❷ 천천히 쓰면서도 과감하게 표현해보고 ❸ 앞서 포인트를 준 방법처럼 색이 들어간 요소를 추가해 독특한 효과를 적용해봅니다.

- 브러시 종류 | [CB Pro English Combine]–[CB Pro English Clr 2]
- 브러시 크기 | 10%

You are beautiful ♡

❶ 절대!
빨리 쓰면
안돼요

❷ 과감한
표현도 좋아요

❸ 색이 적용되면
독특한 효과가
적용돼요

You are beautiful ♡

You are beautiful ♡

You are beautiful ♡

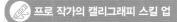 **프로 작가의 캘리그래피 스킬 업** | **영문 캘리그래피를 과감하게 써보기**

영문 캘리그래피는 일반적으로 100쪽에서 학습한 영문 캘리그래피의 기초처럼 규칙에 맞게 잘 정돈된 글씨로 쓰는 것이 좋습니다. 하지만 창의적이고 새로운 형태의 디자인을 완성하기 위해서는 정해진 틀에서 벗어나야 합니다. 기본 규칙을 응용하는 것도 좋고, 또는 규칙에 얽매이지 않은 전혀 다른 형태로 자형을 구성해보세요. 다양한 형태의 자형으로 과감하게 선을 움직여보기 바랍니다.

PART 04

프로 작가처럼
완성하는
디지털 캘리그래피

CHAPTER 01

글씨를 돋보이게
강조하기

01 LESSON 컬러를 입고 살아나는 생동감 있는 캘리그래피

디지털 캘리그래피의 컬러링

아날로그 캘리그래피와 디지털 캘리그래피의 차이점을 직관적으로 알 수 있는 부분은 바로 컬러링 방식입니다. 아날로그 캘리그래피에서도 여러 도구를 활용하여 다양한 색상의 캘리그래피를 작업할 수 있지만 이미 컬러링이 완료된 후에는 수정이 거의 불가능합니다. 하지만 디지털 캘리그래피에서는 초안 작업을 진행하고 다양한 컬러를 적용해본 후 원하는 컬러를 최종 선택하여 캘리그래피를 완성할 수 있습니다.

캘리그래피 한번에 색칠하기

01 작업된 캘리그래피 전체의 컬러를 한번에 바꿔보겠습니다. ❶ 준비 파일을 불러오거나 캔버스에서 원하는 문구를 써줍니다. ❷ 레이어▣를 터치하고 ❸ [레이어 1]을 선택한 후 ❹ [알파 채널 잠금]을 터치해 활성화합니다.

✋ **준비 파일** | PART04\CHAPTER01\컬러링.procreate

02 [색상] 패널에서 원하는 색상을 선택합니다. 여기서는 연한 푸른색을 선택했습니다. 필자는 [색상] 패널에서 가장 사용하기 간편한 [클래식]을 선호합니다.

03 ❶ 레이어 █를 터치하고 ❷ [레이어 1]을 선택한 후 ❸ [레이어 채우기]를 터치합니다. 문구 전체가 선택된 색상으로 변경되는 것을 확인할 수 있습니다.

글씨 일부만 색칠하기

01 문장에 포인트를 주려면 특정 단어만 다른 색상으로 바꿔주는 것도 좋은 방법입니다. [색상] 패널에서 포인트 색상을 선택합니다. 여기서는 연한 초록색을 선택했습니다.

02 ❶ 브러시 ✏️를 터치한 후 ❷ 새로운 색상을 적용할 단어에 직접 칠해줍니다. 다양한 컬러를 적용하여 작품을 완성할 수 있습니다.

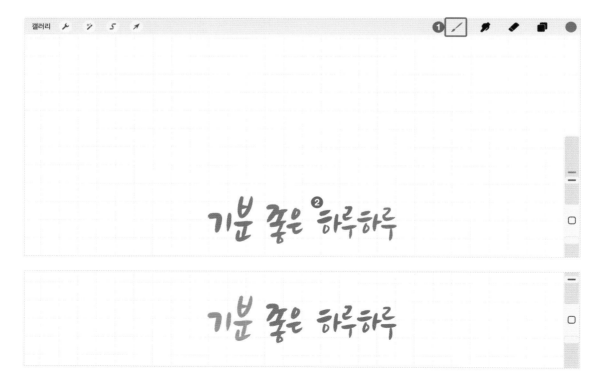

글씨에 그러데이션 적용하기

01 이번에는 글씨에 두 가지 색상으로 그러데이션 넣는 방법을 알아보겠습니다. ❶ 준비 파일을 불러오거나 그리드를 활용해 새로운 문구를 써줍니다. ❷ 레이어📑를 터치하고 ❸ [레이어 1] 레이어를 선택합니다. ❹ [알파 채널 잠금]을 터치해 활성화합니다.

📌 **준비 파일** | PART04\CHAPTER01\그러데이션.procreate

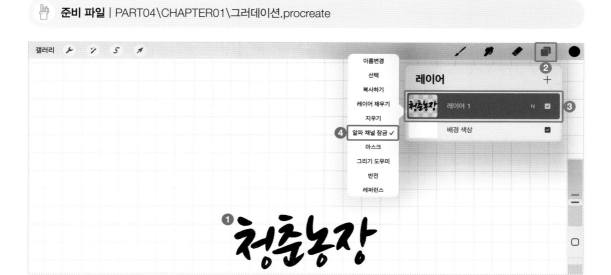

02 ❶ [색상] 패널에서 원하는 색상을 선택합니다. ❷ 브러시✏️를 터치하고 ❸ 가로를 기준으로 위쪽에만 칠해줍니다.

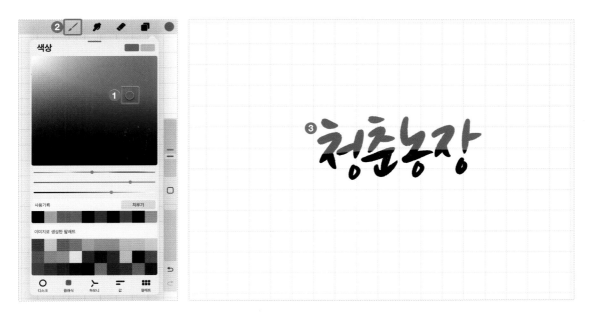

03 ❶ [색상] 패널에서 다른 색상을 선택합니다. 여기서는 연한 푸른색을 선택했습니다. ❷ 브러시
✎ 를 터치하여 브러시를 활성화한 후 ❸ 단어의 아래쪽을 마저 칠해줍니다.

04 ❶ 캔버스를 확대하면 색상의 경계가 명확하게 나뉜 것을 확인할 수 있습니다. 색상이 자연스
럽게 섞이는 그러데이션 효과를 적용해보겠습니다. ❷ 조정 ✎ 을 터치하고 ❸ [가우시안 흐림 효과]
를 터치합니다.

05 ❶ 왼쪽에서 오른쪽으로 펜슬을 드래그해 **15%** 정도의 효과를 적용합니다. 색상이 자연스럽게 섞이는 것을 확인할 수 있습니다. ❷ 조정 ✎ 을 다시 터치해 비활성화하고 작업을 마무리합니다.

02 LESSON | 리스와 캘리그래피 작품 만들기

미리 보기

👆 **준비 파일** | 새 캔버스에서 시작

프로크리에이트의 그리기 가이드 기능 중 방사상 대칭을 활용해 귀여운 리스를 간단히 그려보겠습니다.

▶ **동영상 강의 제공**

이 LESSON은 동영상 강의를 제공합니다. 오른쪽의 QR코드로 접속해 실습 과정을 확인할 수 있습니다.

그리기 가이드의 방사상 대칭 기능 활용하기

그리기 가이드의 방사상 대칭(Symmetry) 기능을 활용해보겠습니다. 만다라나 리스와 같은 작업물을 손쉽게 완성하기 위하여 꼭 필요한 기능입니다.

01 ❶ 동작 🔧 을 터치한 후 ❷ [캔버스]−[그리기 가이드]를 활성화해 기본 2D 격자 형태의 그리기 가이드를 확인합니다. ❸ [그리기 가이드 편집]을 터치합니다.

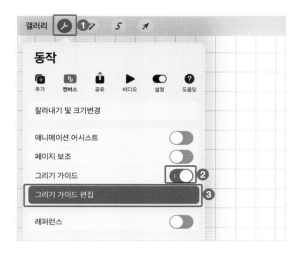

02 ❶ 그리기 가이드 메뉴에서 [대칭]을 터치해 메뉴를 확인합니다. 기본 대칭 메뉴에서는 수직으로 나뉜 대칭 형태의 가이드를 확인할 수 있습니다. ❷ 설정 변경을 위해 [옵션]을 터치합니다.

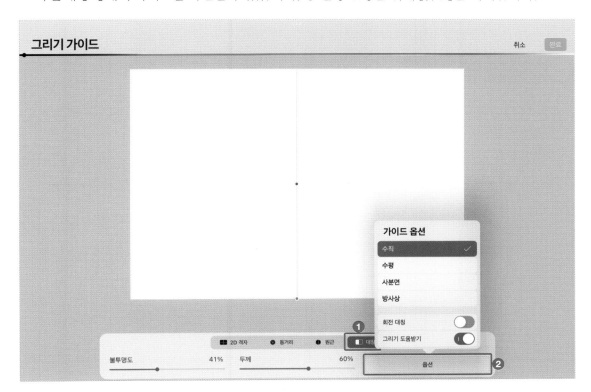

03 리스 배경을 만들기 위해서는 ❶ [가이드 옵션]을 [방사상]으로 설정하고 ❷ [회전 대칭]과 [그리기 도움받기]를 활성화합니다. ❸ 상단의 컬러바에서 원하는 색상을 선택하고 ❹ [완료]를 터치합니다.

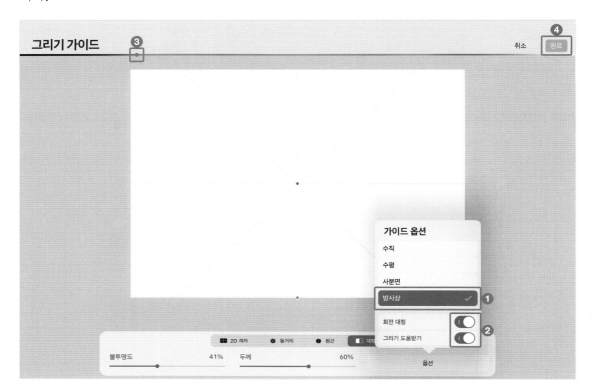

🖊 **프로 작가의 캘리그래피 스킬 업**　　**회전 대칭과 그리기 도움받기**

[회전 대칭]과 [그리기 도움받기]를 활성화했을 때와 비활성화했을 때에는 어떤 차이가 있는지 간단히 알아보겠습니다. 회전 대칭이 활성화되면 각 방사상 면에서의 작업이 일정하게 반복되고, 회전 대칭이 비활성화된 상태에서는 방사상 선을 기준으로 각 면이 대칭을 이룹니다.

▲ 회전 대칭 활성화

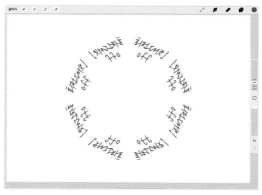

▲ 회전 대칭 비활성화

그리기 도움받기는 그리기 가이드 안에서의 작업을 좀 더 쉽게 해주는 기능입니다. 활성화 상태와 비활성화 상태를 비교하기 위해 회전 대칭이 활성화된 상태에서 그리기 도움받기를 비활성화합니다. 그리기 도움받기를 비활성화하면 방사상 면에 글자를 쓰더라도 다른 방사상 면에는 영향을 주지 않으며 가이드 라인이 작업에 아무런 영향을 미치지 않습니다.

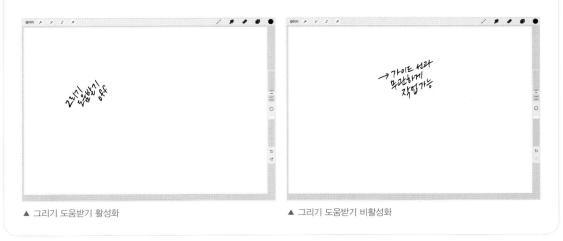

▲ 그리기 도움받기 활성화   ▲ 그리기 도움받기 비활성화

04 가이드 라인으로 구분된 방사상의 여덟 면 중 어느 한 면에 글씨를 쓰면 모든 면에 같은 방향으로 같은 작업이 이루어지는 것을 확인할 수 있습니다. 이 설정은 글씨를 쓸 때만이 아니라 글씨를 지울 때도 적용됩니다.

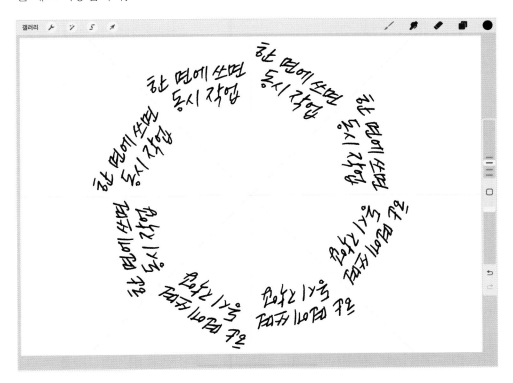

방사상 대칭 작업으로 기본 리스 그림 만들기

01 준비 파일을 불러온 후 브러시를 설정하고 [색상] 패널에서 줄기가 될 녹색 톤의 색상을 선택하여 그릴 준비를 마칩니다.

준비 파일 | PART04\CHAPTER01\리스 만들기.procreate

• 브러시 종류 | [CB Class Pack]−[Calliby_Prismacolor pencil st]

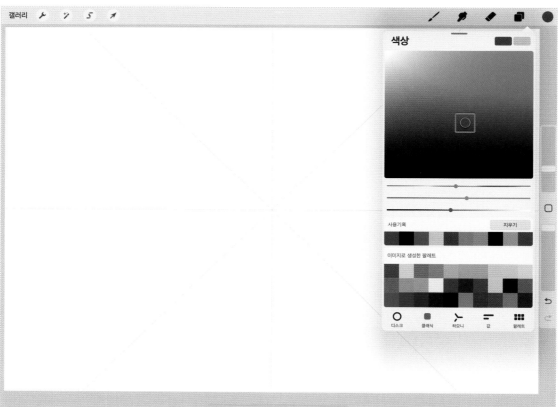

02 ❶ 그리기 도움받기가 활성화된 상태에서 그리기 가이드 선에 닿지 않을 정도의 곡선을 한 칸에 그려줍니다. ❷ 처음 그은 곡선의 중간에서 안으로 말려드는 짧은 곡선을 그어줍니다. ❸ 방금 그은 짧은 곡선 반대쪽으로 짧은 곡선을 하나 더 그어줍니다. ❹ 짧은 줄기에 곁가지를 그려줍니다.

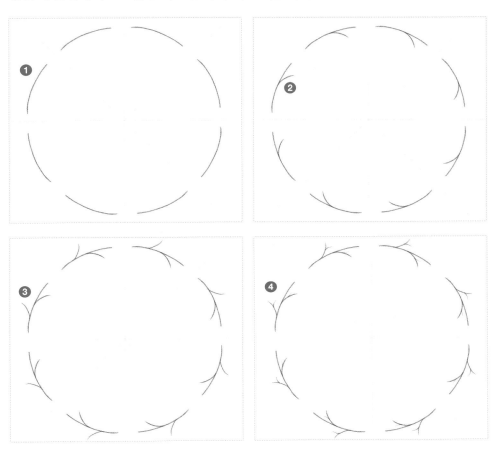

03 ❶ [색상] 패널에서 줄기를 그린 컬러보다 조금 밝은 색상을 선택하고 ❷ 줄기 중간중간에 타원형으로 잎을 그려 넣습니다.

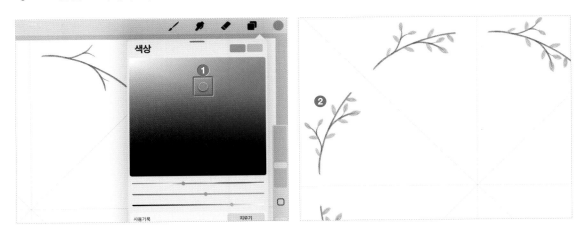

04 ❶ [색상] 패널을 열어 꽃 색상을 선택합니다. 여기서는 연한 노란색으로 선택했습니다. ❷ 줄기 사이사이에 원을 여러 차례 겹쳐 그리며 꽃을 완성합니다. 이때 내부를 꽉 채우기보다는 빈 공간이 어느 정도 보이는 것이 자연스럽습니다.

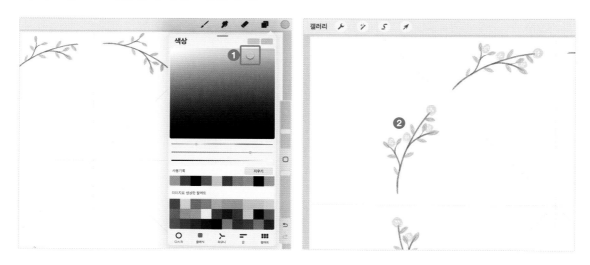

05 방금 그린 꽃과 다른 색상으로 중간중간 포인트를 주어 완성합니다. 여기서는 붉은색을 활용해 포인트를 주었습니다.

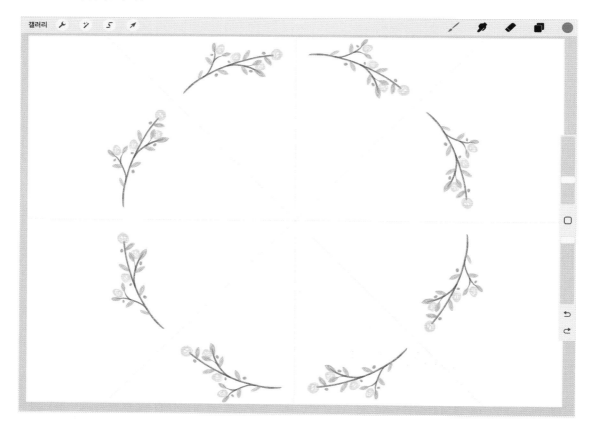

리스에 글씨 추가하기

01 완성된 리스에 글씨를 추가해 잘 꾸며진 작품으로 완성해보겠습니다. 글씨 작업을 위해 **①** 동작 🔧을 터치한 후 **②** [캔버스]−[그리기 가이드 편집]을 터치합니다.

02 **①** 그리기 가이드 메뉴에서 글씨 중심을 맞추기 편리한 [2D 격자]로 설정한 후 **②** [완료]를 터치합니다.

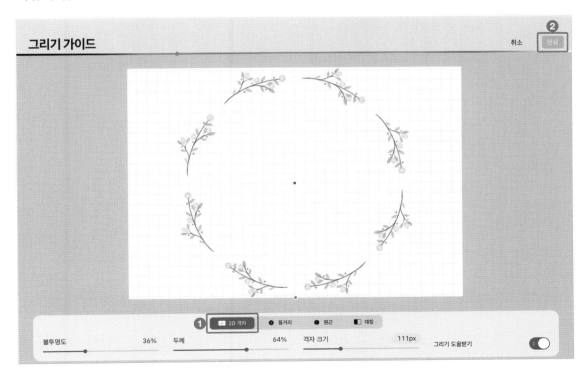

03 작업이 완료된 리스 그림은 보존하고 글씨 작업을 위해 새로운 레이어를 추가합니다. ❶ 레이어 ▣를 터치한 후 ❷ 새로운 레이어 +를 터치합니다. ❸ 글씨는 자유롭게 작성합니다.

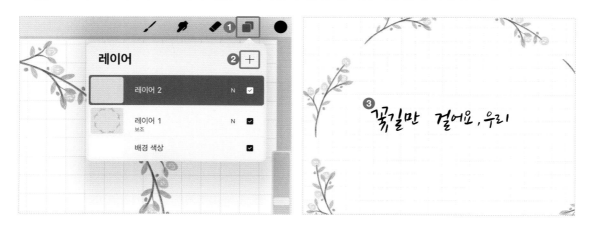

04 문장을 캔버스의 중심으로 이동하려면 ❶ 먼저 변형 ↗을 터치한 후 ❷ 노란색 + 모양이 나타나는 지점으로 드래그해 완성합니다.

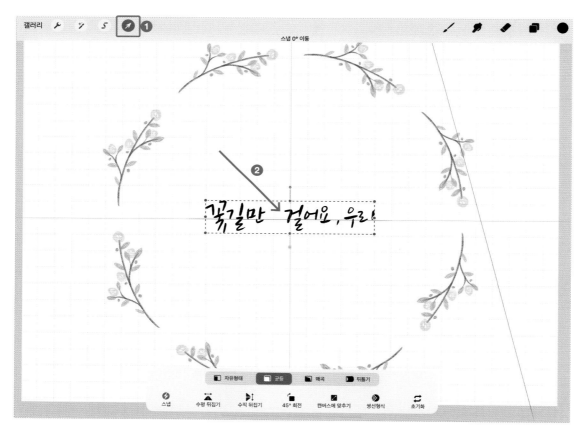

✎ **TIP** 네 손가락으로 화면을 터치하면 전체 화면이 실행됩니다. 전체 화면으로 완성된 작품을 확인해보세요.

CHAPTER 02

프로크리에이트로 꾸미기

01 LESSON 사진으로 밤하늘 배경 만들기

미리 보기

👆 **준비 파일** | 새 캔버스에서 시작

밤하늘의 빛나는 별들과 신비로운 하늘을 그리는 것은 쉬운 일이 아닙니다. 하지만 몇 가지 팁만 기억하면 사진 한 장만으로도 멋진 밤하늘을 만들 수 있습니다.

> ▶ **동영상 강의 제공**
>
> 이 LESSON은 동영상 강의를 제공합니다. 오른쪽의 QR코드로 접속해 실습 과정을 확인할 수 있습니다.
>
>

사진으로 밤하늘 배경 만들기

01 ❶ 동작 🔧 을 터치한 후 ❷ [추가]−[사진 삽입하기]를 터치해 임의의 사진을 삽입합니다. 이때 사진은 초록색을 비롯해 다양한 색이 포함된 사진이 좋습니다.

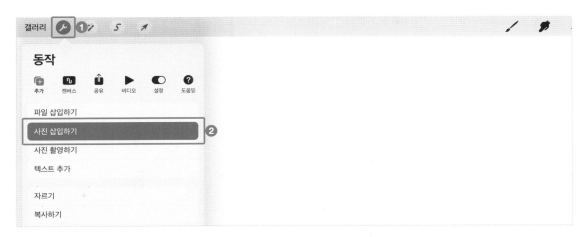

02 사진을 삽입한 후 메뉴의 [캔버스에 맞추기]를 터치하면 사진이 캔버스에 꽉 채워집니다.

03 ❶ 조정 ✎ 을 터치하고 ❷ [가우시안 흐림 효과]를 터치합니다. ❸ 펜슬을 왼쪽에서 오른쪽으로 드래그해 **40%** 정도의 효과를 적용합니다. 사진이 흐릿해져 형체를 명확히 알아볼 수 없을 정도로 만들어야 합니다.

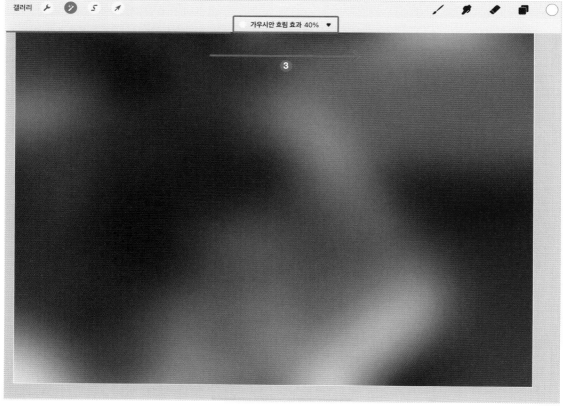

04 ❶ 조정 ✐ 을 터치하고 ❷ [색조, 채도, 밝기]를 터치합니다. ❸ [색조]를 조절하여 원하는 밤하늘의 색을 선택하고 ❹ [밝기]를 조절하여 어두운 밤의 느낌을 더욱 살려줍니다.

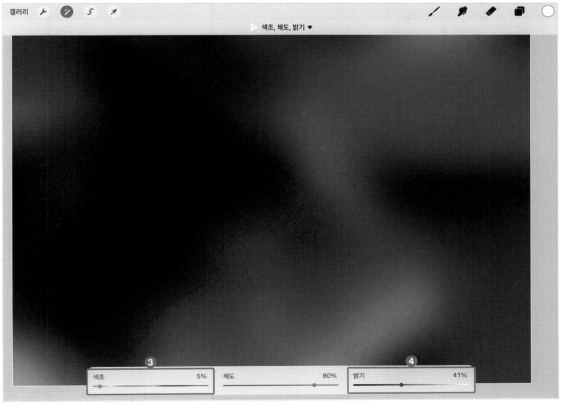

05 ❶ 레이어 📑를 터치하고 ❷ 새로운 레이어 ╋를 터치해 새 레이어를 추가합니다. ❸ 브러시 ✏
로 ❹ 산의 형태를 그려줍니다.

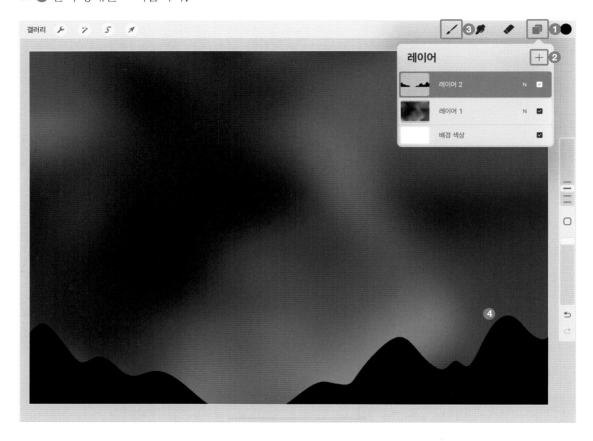

06 배경과 달리 산의 형태만 너무 또렷하게 보여 부자연스럽습니다. 자연스럽게 만들어주기 위해
❶ 조정 🪄 을 터치하고 ❷ [가우시안 흐림 효과]를 터치합니다.

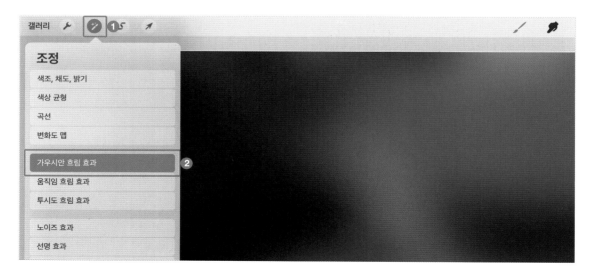

07 펜슬을 왼쪽에서 오른쪽으로 드래그해 5% 정도의 효과를 적용합니다.

08 ❶ 레이어 ▥를 터치하고 ❷ 새로운 레이어 ➕를 터치해 새 레이어를 추가합니다.

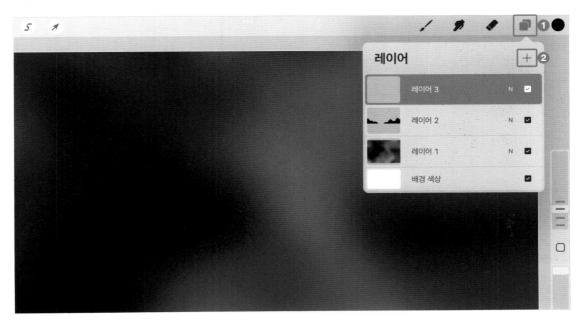

09 새로 추가된 레이어에는 별을 그려보겠습니다. ❶ 브러시 ✏를 터치한 후 ❷ 기본 브러시 중 [빛] 브러시 세트를 터치하고 ❸ [라이트 펜]을 터치해 선택합니다.

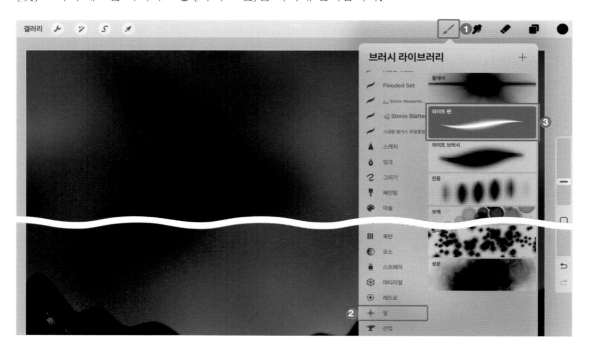

10 ❶ 캔버스에 펜슬로 콕콕 찍어 별을 추가합니다. ❷ 날려 그리듯 긴 선을 추가하여 별똥별도 표현합니다. ❸ 밑그림이 완성되면 새 레이어를 하나 더 추가해 글씨도 써줍니다.

TIP 새로운 레이어에 글씨를 쓸 때 [라이트 펜] 브러시를 이용하면 글씨에 빛나는 효과를 적용할 수 있습니다.

11 오로라 효과를 간단히 추가해보겠습니다. ❶ 새 레이어를 추가한 후 ❷ 브러시 ✏를 터치합니다. ❸ [빛] 브러시 세트-[빛샘]을 터치해 선택합니다.

12 ❶ 초록색을 선택하고 ❷ 원하는 위치에 오로라를 그려 넣는 것으로 마무리합니다.

02 LESSON | 디지털 네온 사인 만들기

미리 보기

👆 **준비 파일** | 새 캔버스에서 시작

이번에는 프로크리에이트의 폰트를 활용해 벽면의 네온 사인을 만들어보겠습니다. 간단한 몇 가지 방법으로 밝게 빛나는 네온 사인을 완성할 수 있습니다.

> ▶ **동영상 강의 제공**
>
> 이 LESSON은 동영상 강의를 제공합니다. 오른쪽의 QR코드로 접속해 실습 과정
> 을 확인할 수 있습니다.
>
>

네온 사인을 위한 기본 작업 설정하기

01 ❶ 동작 🔧 을 터치한 후 ❷ [추가]–[파일 삽입하기]를 터치합니다. ❸ 예제 파일 중 벽 사진인 [Wall] 파일을 터치해 캔버스에 삽입합니다.

✏️ TIP 웹사이트에서 다운로드한 파일은 [파일]–[다운로드]에서 확인할 수 있습니다.

02 어두운 벽을 만들어보겠습니다. ❶ 레이어 ■를 터치한 후 ❷ 새로운 레이어 + 를 터치해 새 레이어를 추가합니다. ❸ 색상을 캔버스로 드래그해 캔버스 전체를 채색합니다.

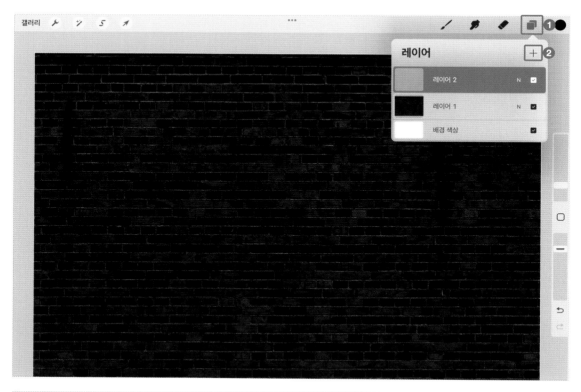

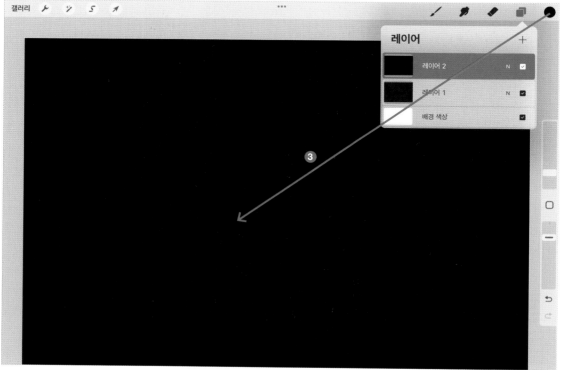

03 ❶ 지우개 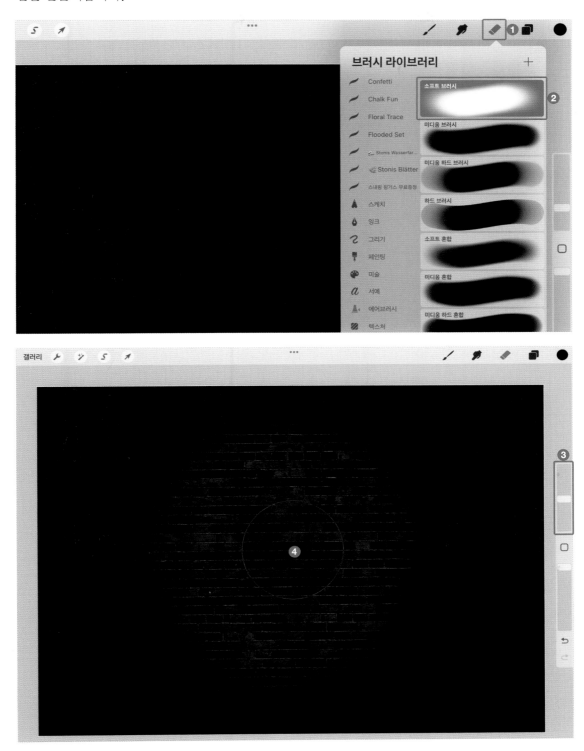를 터치한 후 ❷ [에어브러시] 브러시 세트-[소프트 브러시]를 터치해 선택합니다. ❸ 브러시 크기를 **25%** 정도로 조정한 후 ❹ 가운데부터 둥글게 지우면서 네온 사인이 들어갈 공간을 만들어줍니다.

04 네온 사인 문구는 직접 써도 좋지만 이번에는 폰트를 활용해 만들어보겠습니다. ❶ 동작 🔧 을 터치한 후 ❷ [텍스트 추가]를 터치합니다. 폰트는 네온 사인의 느낌을 잘 살리기 위해 되도록이면 각 글자가 연결되는 폰트를 추천합니다. ❸ 원하는 텍스트를 입력합니다.

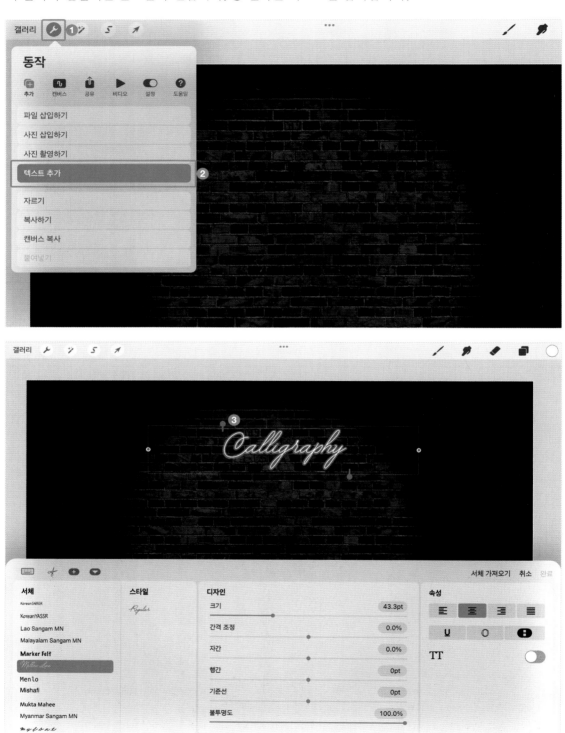

05 ① 입력한 텍스트는 중앙에 배치합니다. ② 레이어 📑를 터치한 후 ③ 방금 입력한 텍스트 레이어를 터치합니다. ④ 메뉴에서 [레스터화]를 터치해 편집할 수 있는 이미지 상태로 변경합니다.

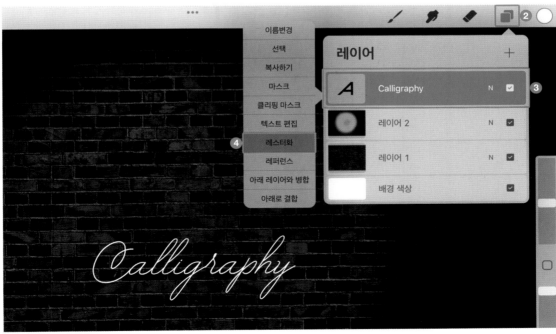

06 ❶ 레스터화까지 완료된 텍스트 레이어를 다시 한 번 터치한 후 ❷ [이름변경]을 터치해 이름을 Line으로 변경합니다.

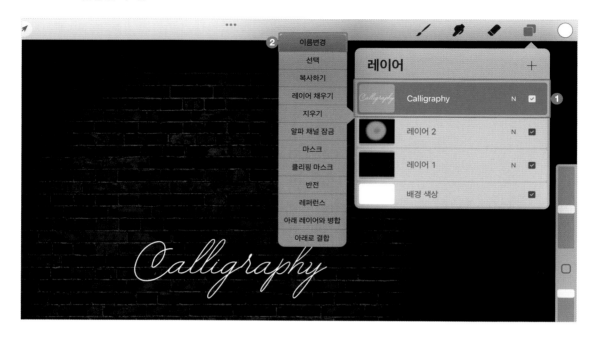

07 이름이 변경된 레이어를 네 개 더 복제한 후 위에서부터 차례대로 Outline, Blur, Shadow, Under Blur로 이름을 변경합니다. 이때 [Line] 레이어는 맨 위에 있어야 합니다.

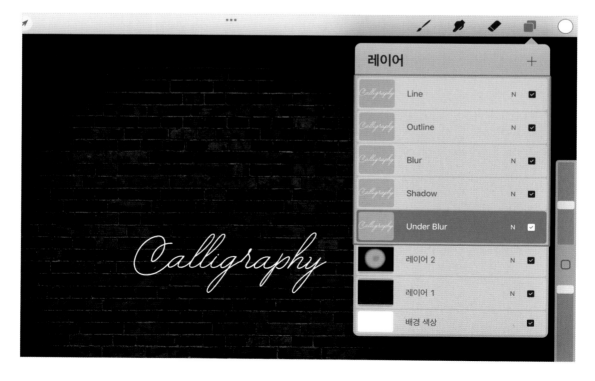

레이어에 외곽선 효과 적용하기

01 각 레이어의 이름에 해당하는 효과를 적용해보겠습니다. ❶ 먼저 [Outline] 레이어를 터치합니다. ❷ 레이어 메뉴에서 [알파 채널 잠금]을 터치해 활성화합니다. ❸ 네온 사인에 어울리는 색상을 지정한 후 ❹ [레이어 채우기]를 터치하여 [Outline] 레이어의 색상을 변경합니다.

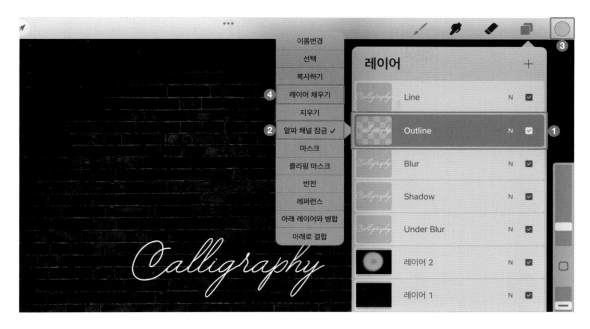

02 색상을 변경한 후에는 반드시 레이어의 [알파 채널 잠금]을 한 번 더 터치해 해제합니다.

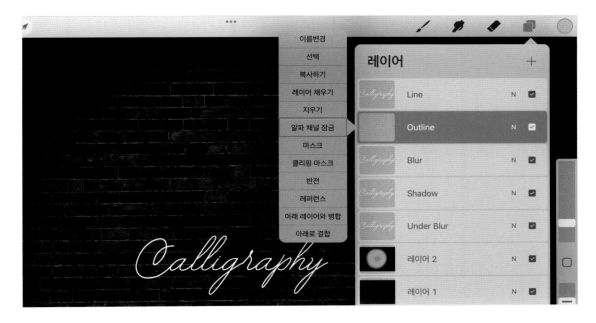

03 [Outline] 레이어는 네온 사인의 빛나는 유리관 부분을 표현할 레이어입니다. 효과를 표현하기 위해 ❶ 조정 ⚡을 터치한 후 ❷ [가우시안 흐림 효과]를 터치합니다.

04 펜슬을 왼쪽에서 오른쪽으로 드래그해 **3%** 정도의 효과를 적용합니다.

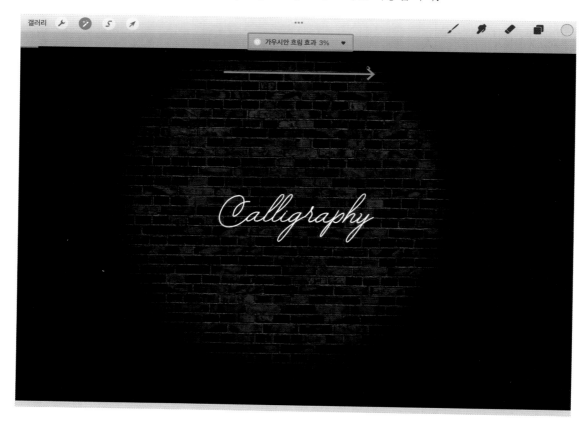

05 ❶ 레이어█를 터치한 후 ❷ [Outline] 레이어를 여러 개 복제합니다. 색이 충분히 선명해질 때까지 복제해주며 보통 다섯 개 정도의 레이어를 복제해 중첩하면 선명한 색을 확인할 수 있습니다.

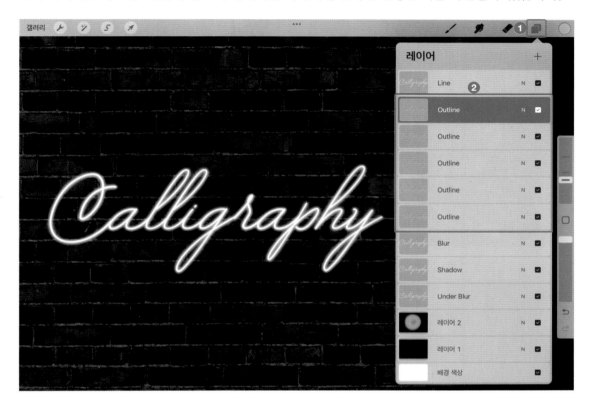

06 ❶ 복제된 레이어를 왼쪽에서 오른쪽으로 슬라이드하여 동시에 선택합니다. ❷ 메뉴가 나타나면 [그룹]을 터치하여 새로운 그룹으로 만들어줍니다.

07 ❶ 생성된 [새로운 그룹]을 터치하여 ❷ 그룹 메뉴에서 [병합]을 터치합니다. ❸ 병합된 [Outline] 레이어를 터치한 후 ❹ [선택]을 터치합니다.

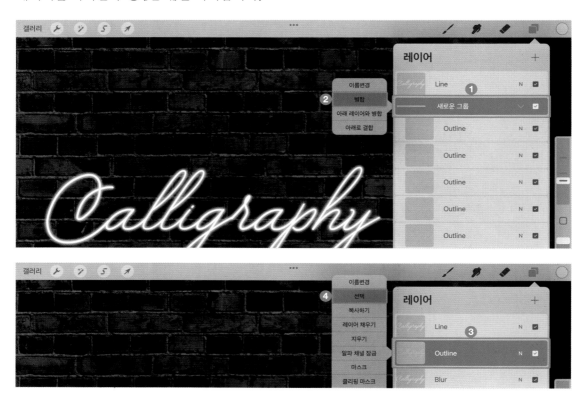

08 배경에 빗금이 나타나며 [Outline] 레이어만 선택된 상태가 됩니다. ❶ 브러시 ✏️를 터치하고 ❷ 선명해지도록 색을 칠한 후 ❸ 선택 ⟲ 을 터치하여 레이어의 선택을 해제합니다.

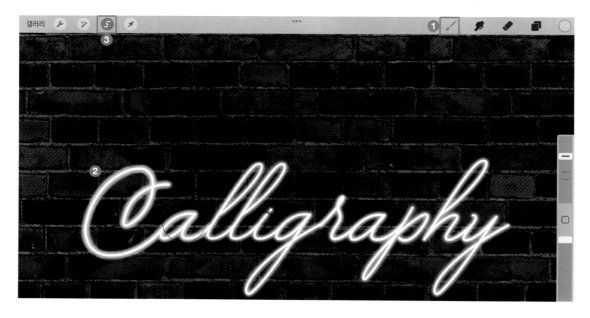

레이어에 흐림 효과 적용하기

01 이번에는 [Blur] 레이어에 효과를 적용해보겠습니다. ❶ [Blur] 레이어를 터치한 후 ❷ [알파 채널 잠금]을 터치합니다. ❸ [레이어 채우기]를 선택하여 [Outline] 레이어와 같은 색상으로 칠하고 ❹ [알파 채널 잠금]을 다시 터치해 비활성화합니다.

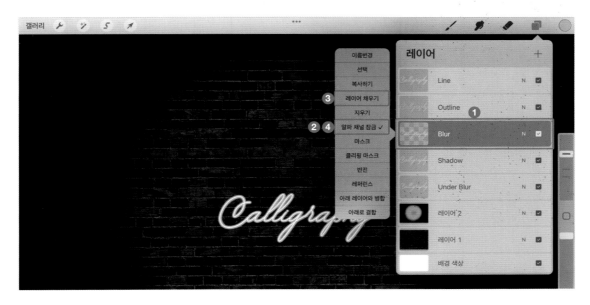

02 ❶ 조정 ✦ 을 터치한 후 ❷ [가우시안 흐림 효과]를 터치합니다.

03 펜슬을 왼쪽에서 오른쪽으로 드래그해 **15%** 정도의 효과를 적용합니다.

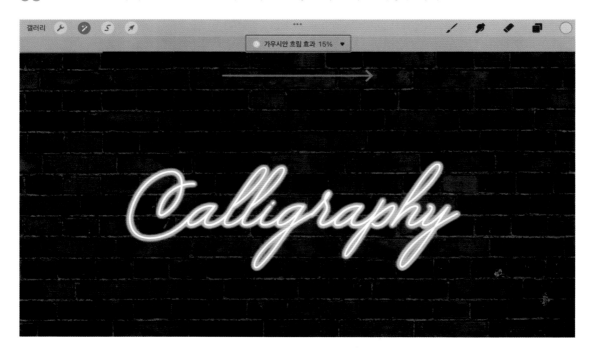

04 ❶ 레이어 를 터치한 후 ❷ [Blur] 레이어를 오른쪽에서 왼쪽으로 슬라이드해 두 개 정도 더 복제합니다. 이때 완성된 [Line] 레이어와 [Outline] 레이어 주변으로 빛이 퍼지는 형태가 확인된다면 그 이상으로 복제할 필요는 없습니다.

05 ❶ 복제된 [Blur] 레이어를 왼쪽에서 오른쪽으로 슬라이드해 모두 선택한 후 ❷ 메뉴가 나타나면 [그룹]을 터치하여 새로운 그룹으로 만들어줍니다.

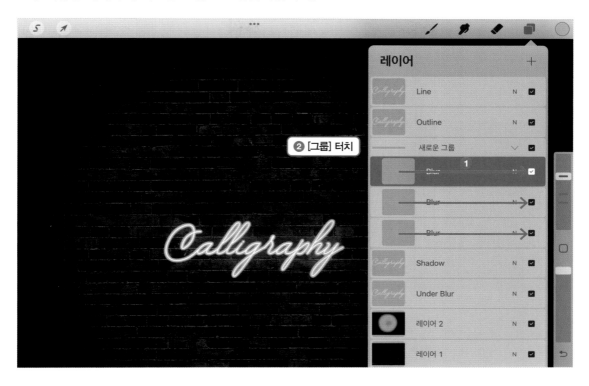

06 ❶ 생성된 [새로운 그룹]을 터치하면 그룹 메뉴가 나타납니다. ❷ [병합]을 터치합니다.

레이어에 그림자 효과 적용하기

01 [Shadow] 레이어에 그림자 효과를 적용해보겠습니다. 앞서 효과를 적용한 레이어에 비해 비교적 간단하게 적용할 수 있습니다. ❶ [Shadow] 레이어를 터치한 후 ❷ [알파 채널 잠금]을 터치합니다. ❸ [색상] 패널에서 검은색을 선택한 후 ❹ [레이어 채우기]를 터치해 글씨의 색을 바꿔줍니다.

02 ❶ 변형 ↗을 터치한 후 ❷ 대각선 방향으로 살짝 드래그해 그림자처럼 만들어줍니다.

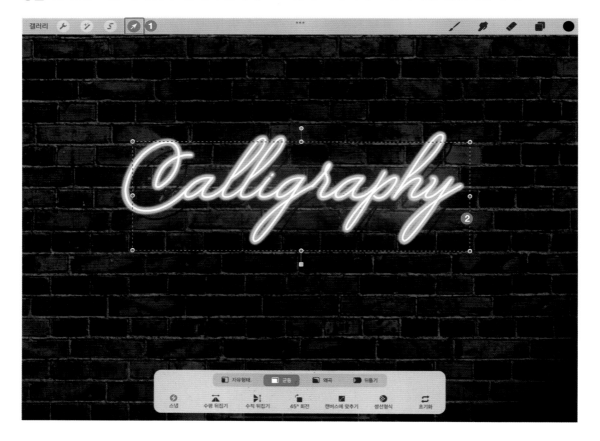

레이어에 반사 효과 적용하기

01 마지막으로 벽에 반사된 빛의 느낌을 살리기 위한 효과를 적용해보겠습니다. ❶ [Under Blur] 레이어를 터치한 후 ❷ [알파 채널 잠금]을 터치합니다. ❸ [레이어 채우기]를 선택하여 [Outline] 레이어와 같은 색상으로 칠하고 ❹ [알파 채널 잠금]을 다시 터치해 비활성화합니다.

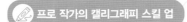 프로 작가의 캘리그래피 스킬 업 **사용한 색상 다시 선택하기**

기존에 사용한 색상을 [색상] 패널의 [사용기록]에서 확인할 수 있습니다. 사용한 색상이 순서대로 기록되어 있으니 같은 색상이 다시 필요할 때 참고합니다.

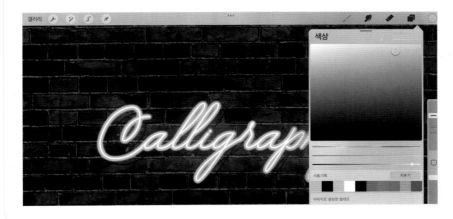

02 ❶ 조정 ✏️을 터치한 후 ❷ [가우시안 흐림 효과]를 터치합니다.

03 좀 더 빛이 퍼진 느낌을 표현하기 위해 펜슬을 왼쪽에서 오른쪽으로 드래그해 **25%** 정도의 효과를 적용합니다.

04 풍성한 빛 퍼짐 효과를 위해 ❶ 레이어 🔳를 터치한 후 ❷ [Under Blur] 레이어를 네 개 더 복제합니다.

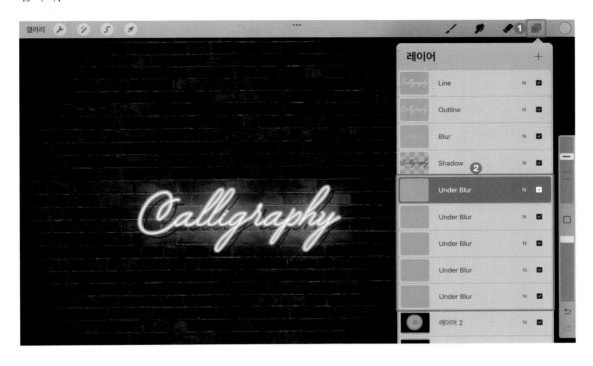

05 ❶ 복제된 [Under Blur] 레이어를 왼쪽에서 오른쪽으로 슬라이드해 모두 선택한 후 ❷ 메뉴가 나타나면 [그룹]을 터치하여 새로운 그룹으로 만들어줍니다.

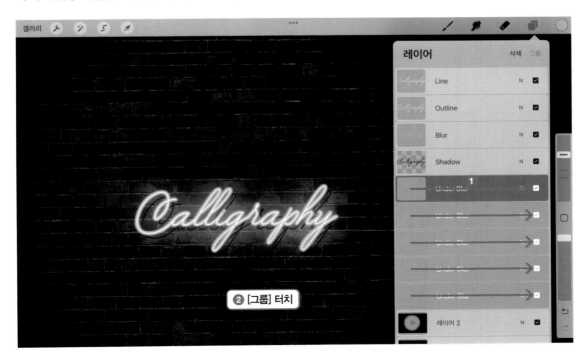

06 ❶ 생성된 [새로운 그룹]을 터치하면 그룹 메뉴가 나타납니다. ❷ [병합]을 터치합니다.

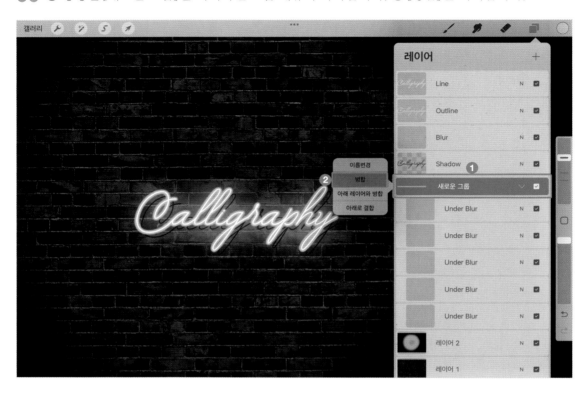

🖋️ **프로 작가의 캘리그래피 스킬 업** **네온 사인을 더 선명하고 빛나게 설정하기**

지금까지 적용된 효과만으로도 네온 사인 느낌을 표현하기에 충분하지만 몇 가지 작은 변화를 더 주면 훨씬 선명한 네온 사인을 완성할 수 있습니다. ❶ 먼저 [Blur] 레이어의 [N]을 터치해 블렌딩 옵션을 펼치고 ❷ [추가]를 터치합니다.

❸ [Under Blur] 레이어도 같은 방법으로 블렌딩 옵션에서 [추가]를 터치합니다. 훨씬 선명해진 네온 사인을 확인할 수 있습니다.

▲ 블렌딩 옵션 적용 전

▲ 블렌딩 옵션 적용 후

PART 05

프로 작가처럼 활용하는 프로크리에이트

기본 브러시
수정하기

01 LESSON 기본 브러시 설정 알아보기

브러시 스튜디오 다루기

프로크리에이트는 호주 개발사에서 제작한 드로잉 전문 프로그램입니다. 따라서 대부분의 브러시는 영문 캘리그래피와 그림에 초점이 맞춰져 있어 한글 캘리그래피를 작업하는 데 불편한 점이 많습니다. 이때 기본 제공 브러시를 조금만 손보면 한글에 적합한 브러시로 만들어줄 수 있습니다. 먼저 기본 브러시의 세부 설정을 변경해보겠습니다. 브러시 세부 설정은 브러시 스튜디오에서 변경할 수 있습니다.

01 ❶ 프로크리에이트에서 브러시 ✏를 터치한 후 ❷ [잉크] 브러시 세트−[머큐리]를 터치합니다.

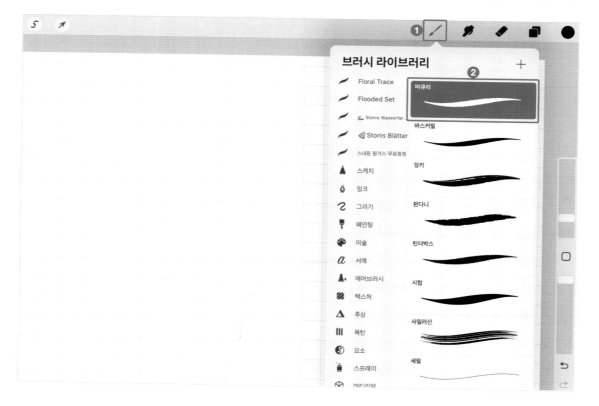

02 레이어를 복제할 때와 마찬가지로 ❶ 브러시를 오른쪽에서 왼쪽으로 슬라이드한 후 ❷ [복제]를 터치합니다.

✎ **TIP** 브러시를 수정하면 브러시의 설정 자체가 바뀌게 됩니다. 물론 기본값으로 되돌릴 수도 있지만, 이 경우 애써 수정한 내용이 사라집니다. 따라서 수정한 브러시를 그대로 사용하려면 복제한 브러시로 수정합니다.

03 브러시 스튜디오로 진입하기 위해 ❶ 복제된 [머큐리 1] 브러시를 터치한 후 ❷ 한 번 더 터치합니다.

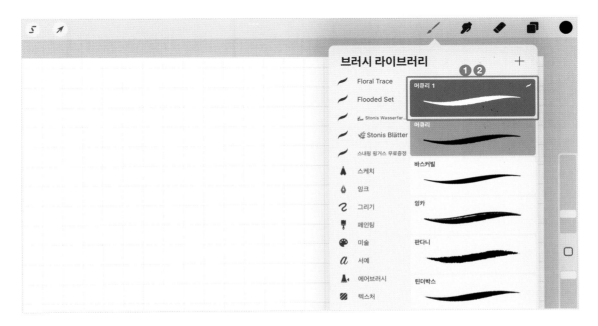

브러시 스튜디오에서 획 경로 설정하기

브러시 스튜디오가 나타나면 [획 경로], [안정화], [끝단처리]에서 한글 특성에 맞는 브러시로 설정할 수 있습니다. [획 경로]를 터치하면 [획 속성] 아래로 [간격], [지터], [묽음 감소]의 세부 설정이 나타납니다. [간격]은 브러시 모양 소스 간의 간격으로, 설정값이 커질수록 모양 소스 간의 간격이 넓어져 점선처럼 나타납니다. 적당한 거리 조정으로 매끄러운 느낌 또는 거친 느낌을 표현할 수 있습니다.

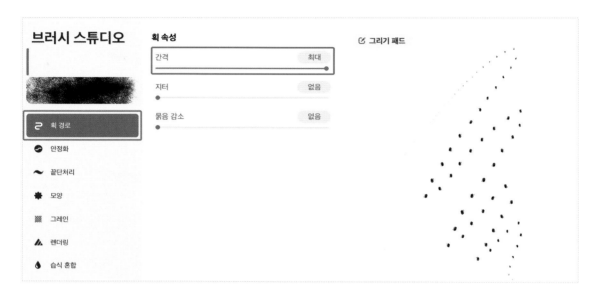

[지터]는 일렬로 이어진 모양 소스를 중심선 기준으로 퍼뜨리는 설정입니다. 지터값을 조정하여 풍부한 질감 효과를 확보할 수 있습니다.

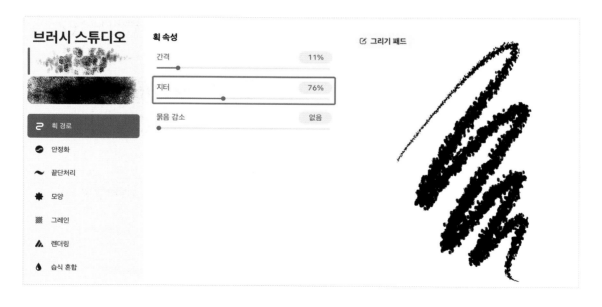

[묽음 감소]는 만년필처럼 펜촉이 있는 펜으로 잉크를 한 번 찍었을 때 머금는 잉크의 양이라고 생각하면 됩니다. 일정 양의 잉크를 머금게 한 후 머금은 잉크가 소진되면 잉크가 나오지 않는 것처럼 어느 정도의 잉크를 머금게 할 것인지 조정할 수 있습니다.

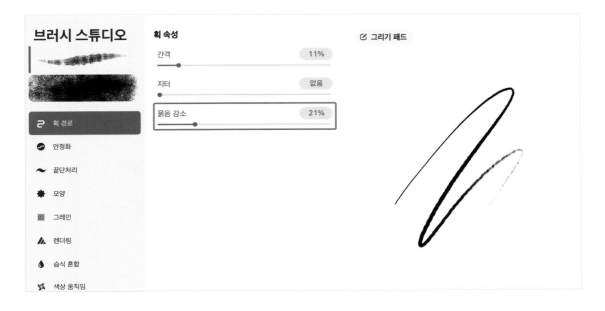

브러시 스튜디오에서 안정화 설정하기

브러시 스튜디오에서 [안정화]를 터치하면 [StreamLine], [안정화], [움직임 필터링]을 조절할 수 있습니다. 획을 보다 안정감 있게 완성하는 데 도움을 주기 위한 설정으로 이해하면 됩니다.

[StreamLine]은 특히 영문 캘리그래피를 쓸 때 중요한 설정으로, 손의 떨림이나 의도치 않은 선의 실수를 좀 더 부드럽게 보정해주는 기능입니다. [양]을 조정해 보정 정도를 설정하며 [압력]으로 필압에 따른 보정값을 설정할 수 있습니다. 이때 너무 과한 보정은 오히려 글씨를 알아볼 수 없게 만들수 있으니 주의합니다.

[안정화]는 그은 획의 평균값을 획으로 만들어주는 기능으로 [StreamLine]과 다르게 획을 긋는 속도에 따라 획을 보정한다고 이해하면 됩니다. [그리기 패드]에 선을 그으며 설정값을 조정해보면 그 효과를 체감할 수 있습니다.

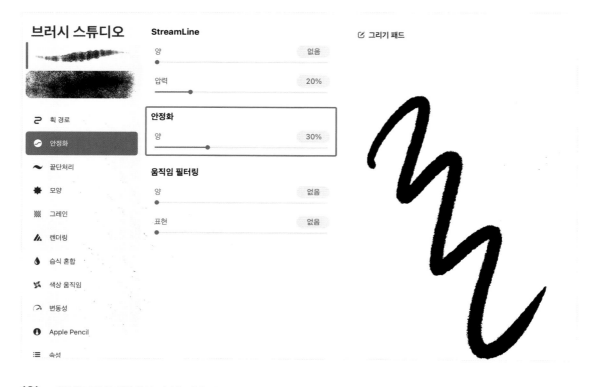

설정값이 높을수록 다음과 같이 변화합니다.

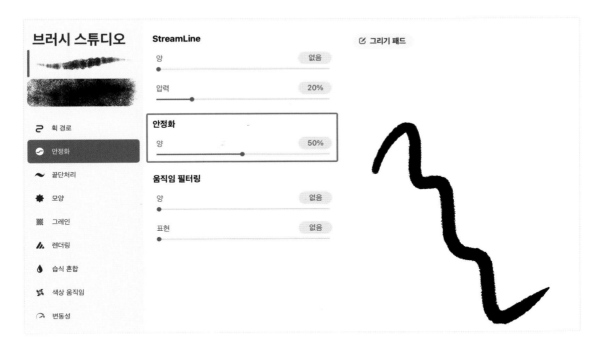

[움직임 필터링]은 프로크리에이트에서 제공되는 추가적인 [안정화] 설정입니다. 일반적인 [안정화] 설정과 달리 속도에 관계없이 일정한 획을 유지할 수 있도록 해주는 상위 호환 기능입니다.

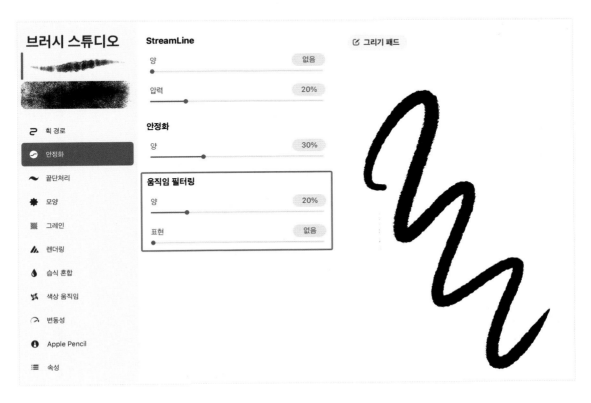

하지만 획의 평균값이 아니라 흔들리는 획을 삭제, 보정하는 기능이라서 설정값 조정에 신중해야 합니다. 과도하게 적용하면 오히려 원하는 획을 완성하는 데 방해됩니다.

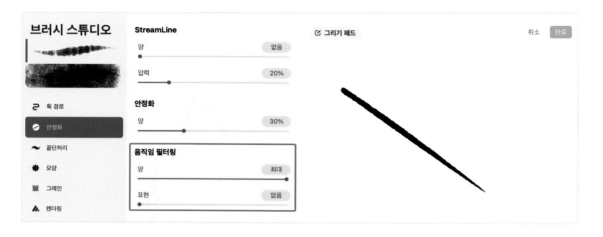

브러시 스튜디오에서 끝단 처리 설정하기

[끝단처리]는 획의 끝단을 어떻게 처리할지 설정하는 메뉴이며 [압력 끝단처리], [터치 끝단처리], [가늘어짐 속성]이 포함되어 있습니다. 가늘고 길게, 때로는 뭉툭하게 끝나는 선을 인위적으로 설정할 수 있습니다. 펜슬 사용이 기본이므로 펜슬 사용 시 끝단을 어떻게 처리할지 설정하는 [압력 끝단처리]를 확인하면 됩니다.

[압력 끝단처리]에서 [팁 크기 연동]을 활성화하면 시작과 끝의 끝단 처리가 동일하게 적용됩니다.

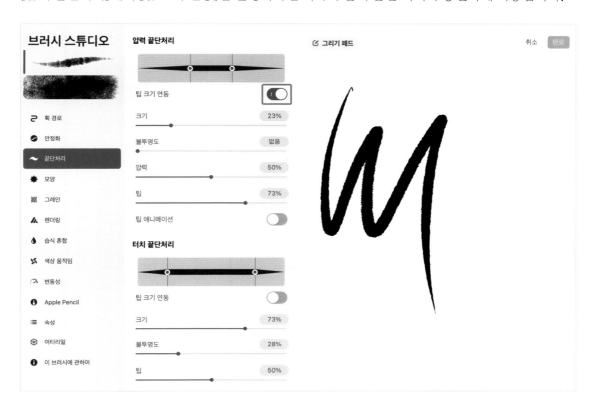

프로 작가의 캘리그래피 스킬 업 | **그레인 설정 변경 주의하기**

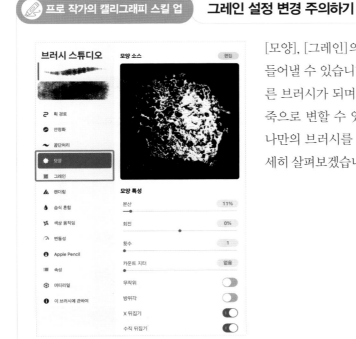

[모양], [그레인]의 설정을 변경하여 새로운 브러시를 만들어낼 수 있습니다. 특히 [그레인]을 변경하면 전혀 다른 브러시가 되며 마음에 드는 브러시의 설정이 뒤죽박죽으로 변할 수 있으니 세부 설정에 주의해야 합니다. 나만의 브러시를 만드는 방법은 CHAPTER 02에서 자세히 살펴보겠습니다.

02
LESSON
브러시를 내 손에 맞게 설정하기

기존 브러시 커스터마이징하기

프로크리에이트에서 기본으로 제공하는 브러시가 손에 맞지 않는다면 몇 가지 간단한 수정을 거쳐 내 손에 맞는 브러시로 만들 수 있습니다. 예제 파일로 제공하는 브러시 중 [CB Pro Han New] 브러시 세트의 5번 브러시를 이용해 간단히 설정 변경 요령을 익혀보겠습니다.

01 ❶브러시 ✏️를 터치한 후 ❷[CB Pro Han New] 브러시 세트–[CB Pro Han New 5]를 터치합니다.

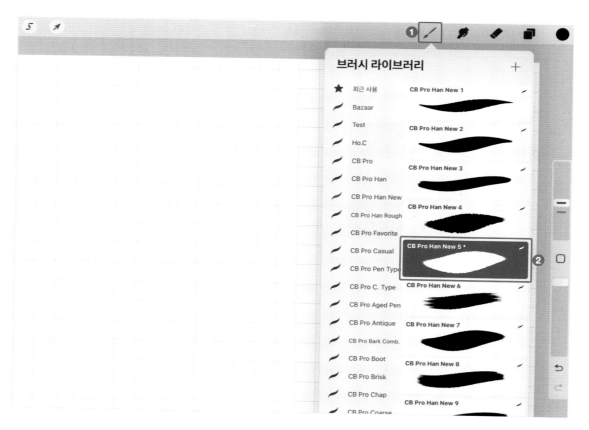

02 원본 브러시를 보호하기 위해 ❶ 브러시를 오른쪽에서 왼쪽으로 슬라이드한 후 ❷ [복제]를 터치해 복제합니다.

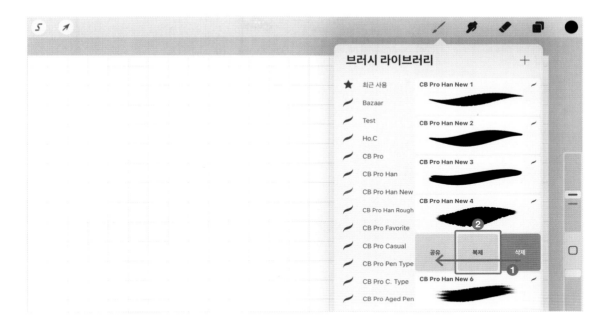

03 ❶ 복제한 브러시를 다시 한 번 터치해 브러시 스튜디오로 진입합니다. ❷ [CB Pro Han New 5] 브러시는 [획 속성]의 설정값이 모두 0인 것을 확인할 수 있습니다.

04 ❶ [그리기 패드]에 획을 그리며 설정값을 조정합니다. ❷ [간격]을 15% 정도로 조정하면 모양 소스 간의 거리가 멀어지면서 획의 가장자리가 거칠게 표현됩니다. 거친 느낌의 브러시가 필요하다면 간격을 이와 같이 조정하면 됩니다.

🖊️ 프로 작가의 캘리그래피 스킬 업 **설정값 정확히 입력하기**

설정값 조절 중 특정 수치를 정확히 입력하려면 각 슬라이더에 표시된 값을 터치하면 됩니다. 오른쪽에 숫자 패드가 나타나며 숫자 패드에서 정확한 값을 입력할 수 있습니다.

05 이번에는 [지터]만 **40%** 정도로 조정해봅니다. 모양 소스의 수가 사방으로 랜덤하게 늘어나면서 굵고 거친 느낌이 적용되는 것을 확인할 수 있습니다.

06 획 끝이 자연스럽게 사라지는 효과를 원한다면 [묽음 감소]를 **22%** 정도로 조정합니다. 이때 값이 지나치게 높으면 획을 완성하기도 전에 획이 사라질 수 있으니 주의합니다.

07 이번에는 ❶ [안정화]를 터치합니다. ❷ [그리기 패드]에 'ㅎ'이나 'ㅇ'을 쓴 후 설정값을 조정해봅니다. 이때 자음의 내부 공간이 막힌 것처럼 쓰인다면 글씨를 쓰는 속도와 [StreamLine]의 설정값이 맞지 않기 때문입니다. ❸ 글씨를 쓰는 속도에 맞도록 [StreamLine]의 [양]과 [압력]을 조정합니다.

08 보정값을 유지하면서 조금 더 심화된 보정이 필요한 경우 [StreamLine]의 값을 기준으로 하여 값을 줄인 만큼 [안정화]의 [양]과 [움직임 필터링]의 [양]을 조정합니다. 두 가지 속성은 적용되는 수치가 큰 만큼 10% 이내로 적용합니다.

09 귀엽고 통통한 글씨를 위해 끝단을 뭉툭하게 만들고 싶거나 반대로 날카롭고 강한 느낌의 획을 원한다면 ❶ [끝단처리]를 터치하고 ❷ [압력 끝단처리]의 슬라이더를 조정합니다. 세부 설정값을 일일이 조정하기보다는 슬라이더를 조정하면서 효과를 확인하는 것이 좋습니다.

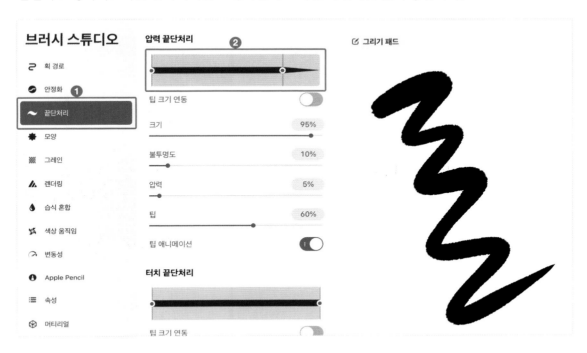

10 슬라이더의 양 끝을 다음과 같이 바깥쪽으로 조정하면 시작과 끝을 모두 뭉툭하게 처리할 수 있습니다.

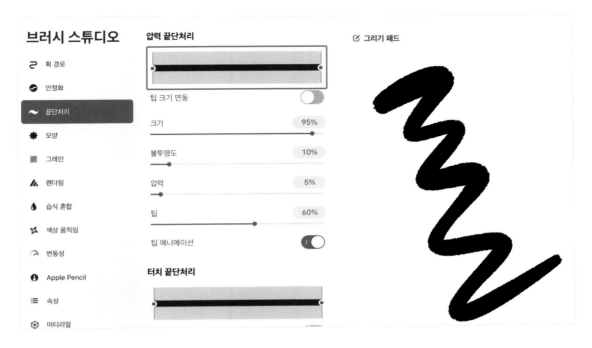

11 반대로 슬라이더를 안쪽으로 조정하면 획의 끝단이 날카로워집니다.

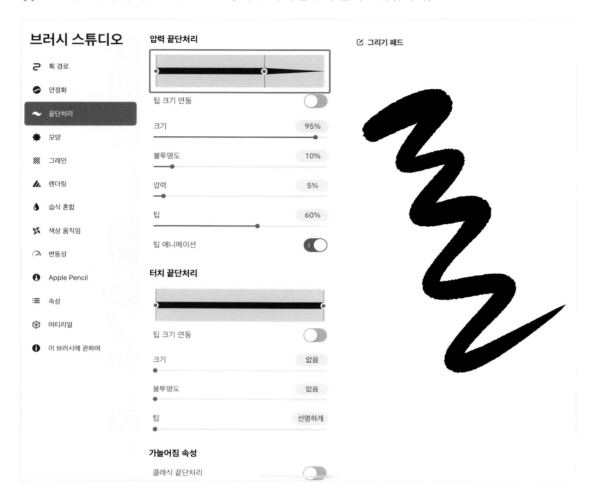

손에 맞는 브러시는 쉽게 만들어지지 않습니다. 수정과 확인을 반복하여 손에 맞는 브러시를 찾고 만들어보세요. 예제 파일로 제공되는 브러시 중 마음에 드는 브러시를 복제하여 손에 맞게 수정해보는 것을 추천합니다.

간단하게 나만의 브러시 만들기

01 LESSON 브러시 제작의 기본기 익히기

브러시 소스 이해하기

브러시를 제작할 때 가장 먼저 이해해야 하는 것은 설정이 아닌 소스입니다. 소스는 크게 모양 소스와 그레인 소스로 나뉘고 모양 소스와 그레인 소스가 합쳐져 하나의 브러시가 됩니다. 모양 소스와 그레인 소스를 쉽게 이해하려면 쿠키 틀과 쿠키 반죽에 빗대어 생각하면 됩니다. 쿠키 커터라고 부르는 쿠키 틀이 모양 소스라면 쿠키 반죽은 그레인 소스입니다. 쿠키 틀로 반죽을 찍어내 만든 쿠키가 브러시의 단면이 되는 것입니다. 모양 소스가 브러시 모양 자체를 결정한다면 그레인 소스는 브러시의 텍스처를 결정합니다.

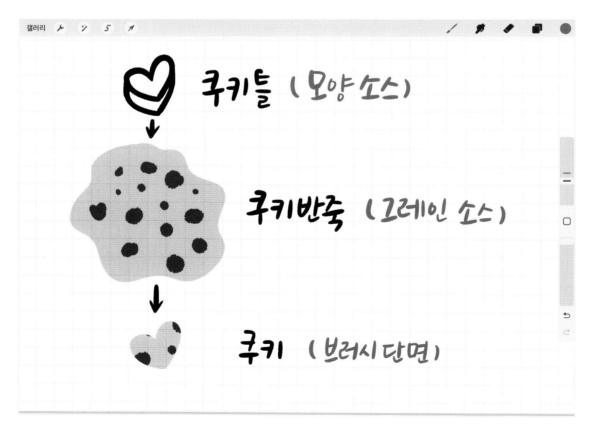

쿠키는 그 자체로 스탬프 브러시가 되며 완성된 쿠키가 길게 연결된 모양이 브러시의 최종 모습이라고 생각할 수 있습니다.

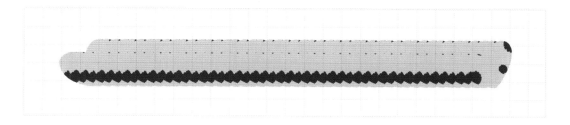

브러시 모양 소스 다루기

소스를 편집할 브러시는 CHAPTER 01에서 복제하고 설정을 바꿔본 [CB Pro New Han 5] 브러시입니다. 브러시 스튜디오의 [모양]을 터치하면 현재 적용된 [모양 소스]와 [모양 특성]을 확인할 수 있습니다. [모양 소스]−[편집]을 터치하면 모양 편집기가 활성화되며 소스를 변경해 브러시의 형태를 바꿀 수 있습니다.

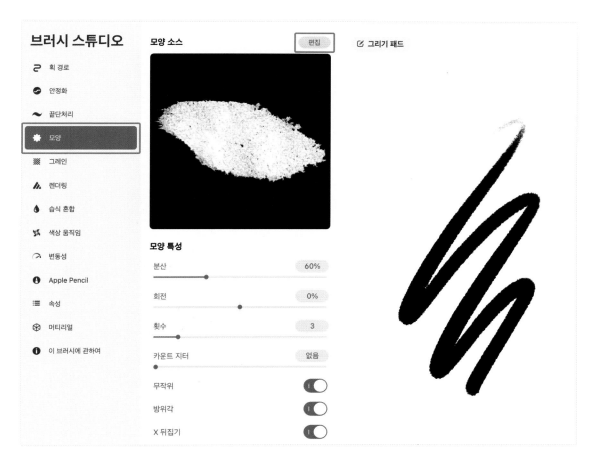

[모양 편집기]가 나타나면 [가져오기]를 터치하여 미리 제작된 다양한 이미지 소스를 불러올 수 있습니다. 프로크리에이트에서 제공하는 소스가 충분히 훌륭하고 다양하니 이를 활용할 수 있는 [소스 라이브러리]를 터치합니다.

[소스 라이브러리]에서는 다양한 소스를 기본으로 제공합니다. 거친 형태부터 매끄러운 형태까지 여러 가지 소스가 제공되니 원하는 형태를 선택해 브러시를 커스터마이징할 수 있습니다.

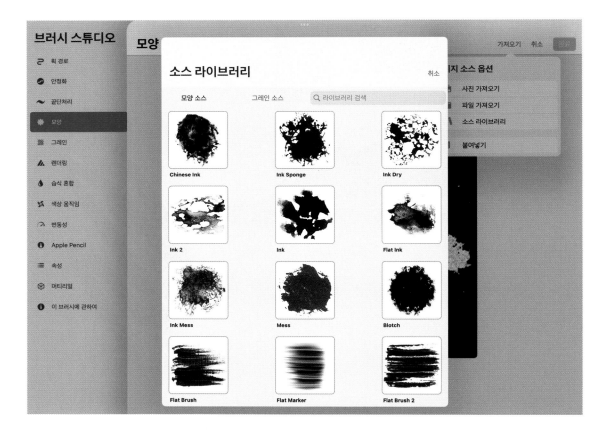

소스를 선택하면 [모양 편집기]로 돌아옵니다. 이때 소스는 검게, 주변은 밝게 표시되는 것을 확인할 수 있습니다. 단, 밝은 인터페이스에서는 흰색 부분이 소스로 적용되므로 이대로 적용하면 사각형의 소스가 적용됩니다. 그러므로 소스의 반전이 필요하다는 점을 꼭 기억합니다.

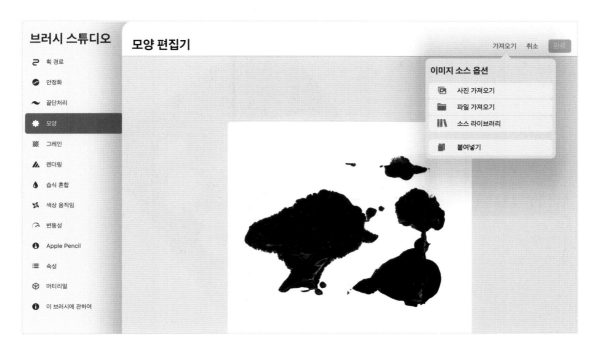

모양 소스를 두 손가락으로 터치하면 색이 반전됩니다. 이제 흰색으로 표현된 부분이 모양 소스로 사용됩니다.

소스의 방향을 바꿔야 한다면 두 손가락으로 소스를 터치한 상태에서 회전시킬 수 있습니다.

[모양 편집기]에서 [완료]를 터치하면 브러시 스튜디오로 돌아오고, 새로 선택한 브러시가 적용되어 있는 것을 확인할 수 있습니다.

브러시 그레인 소스 다루기

[그레인]을 터치해 그레인 소스를 다뤄보겠습니다. 그레인 소스는 브러시의 질감을 담당하는 소스로, 모양 소스의 흰색 부분과 그레인 소스가 겹치는 부분이 브러시로 나타납니다. 그레인 소스도 모양 소스와 마찬가지로 [편집]을 터치하여 [그레인 편집기]를 불러옵니다.

[그레인 편집기]에서 [가져오기]−[소스 라이브러리]를 터치해 기본 제공 소스를 확인합니다.

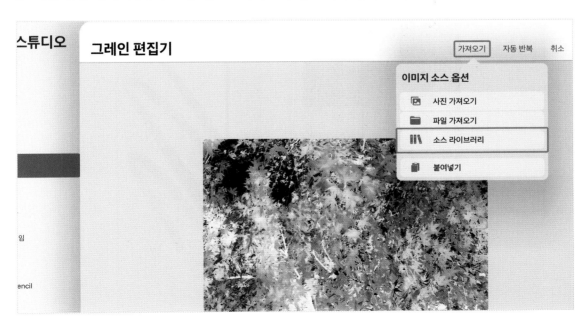

소스 라이브러리에서 원하는 그레인 소스를 선택하여 가져옵니다. 그레인 소스는 모양 소스처럼 반전하지 않아도 됩니다. 적용된 그레인 소스를 확인하고 [완료]를 터치하여 브러시 수정을 완료합니다.

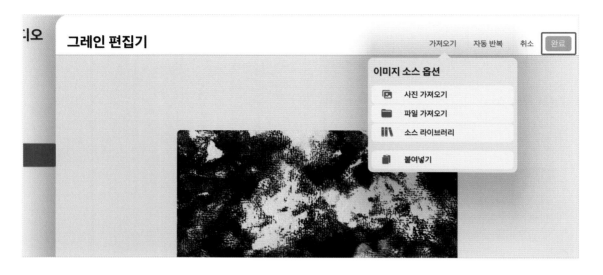

모양 소스와 그레인 소스를 모두 바꾼 브러시는 처음과는 완전히 다른 새로운 브러시가 됩니다. 나머지 브러시 스튜디오의 항목도 수정해보며 모양 소스나 그레인 소스를 변경해 사용하면 손에 맞는 다양한 브러시를 만들 수 있습니다.

02 LESSON | 가볍게 찍어 남기는 스탬프 브러시 만들기

브러시 제작을 위한 캔버스 생성하기

01 이번에는 모양 소스를 직접 만들어 브러시를 제작해보겠습니다. 브러시 제작을 위한 캔버스는 정방형을 기본으로 합니다. [새로운 캔버스]에서 [사각형]을 터치합니다.

02 ❶ 동작 🔧 을 터치하고 ❷ [캔버스]−[그리기 가이드]를 활성화한 후 ❸ [그리기 가이드 편집]을 터치합니다.

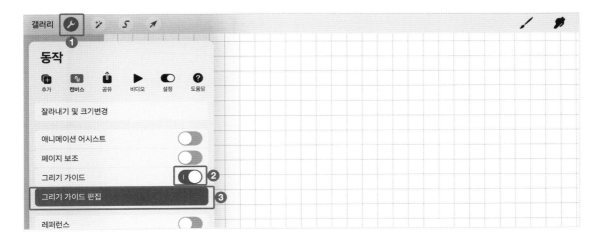

03 ❶ 격자 크기와 ❷ 격자 색상 등을 설정하고 ❸ [완료]를 터치합니다.

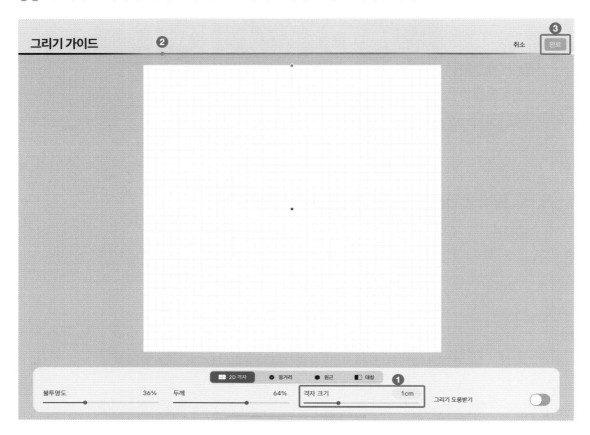

저작권 표시 스탬프 만들기

저작권 표시는 정확히 작성해야 합니다. 저작권 표시에는 'Copyright' 표시, 연도, 저작권자, 저작권 소유 여부가 꼭 포함되어야 합니다. 제작할 저작권 표시는 아래와 같습니다.

Copyright 2022. 이용선 all rights reserved.

저작권을 표시할 때 꼭 기억해야 할 중요한 내용은 다름 아닌 '마침표'입니다. 형식에 맞게 작성해도 마침표가 없다면 저작권을 정당히 보장받을 수 없으니 꼭 정확하게 표시해야 합니다. 정확한 표시를 위해 폰트를 사용할 것입니다.

01 ❶ 동작 🔧 을 터치하고 ❷ [추가]-[텍스트 추가]를 터치합니다.

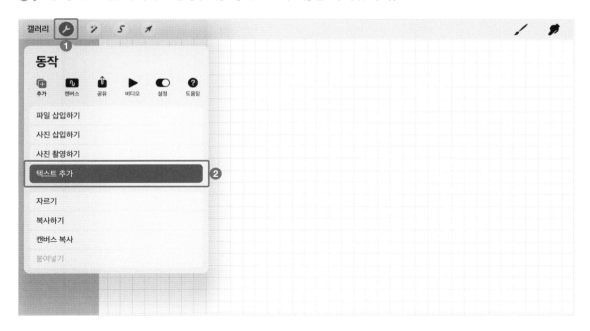

02 내용을 작성하기 전에 [Aa]를 터치하여 텍스트 서식 메뉴를 활성화합니다.

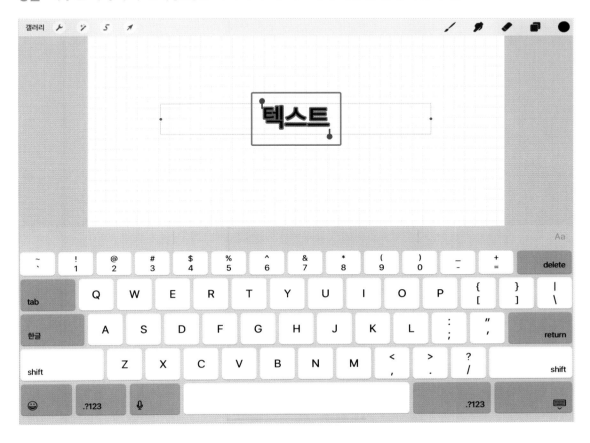

03 ❶ 서체와 크기 등을 지정한 후 ❷ 키보드 ⌨를 클릭합니다. 여기서 서체는 [Helvetica]로, 크기는 40pt로 설정했습니다.

04 텍스트를 입력합니다. 저작권 표시는 마침표 하나만 빠져도 보장받지 못할 수 있으므로 정확하게 표기되었는지 다시 한 번 확인합니다.

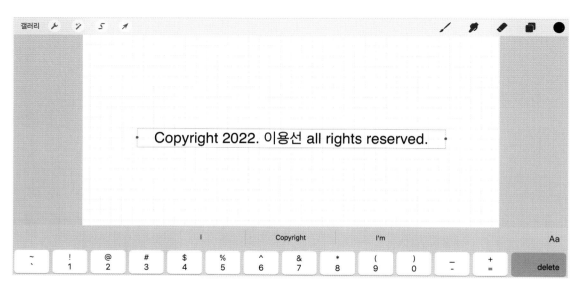

05 ❶ 변형 ↗ 을 터치합니다. 캔버스의 정중앙을 펜슬이 닿는 위치라고 생각하고 ❷ 저작권 표시 텍스트를 캔버스 중앙으로 이동합니다.

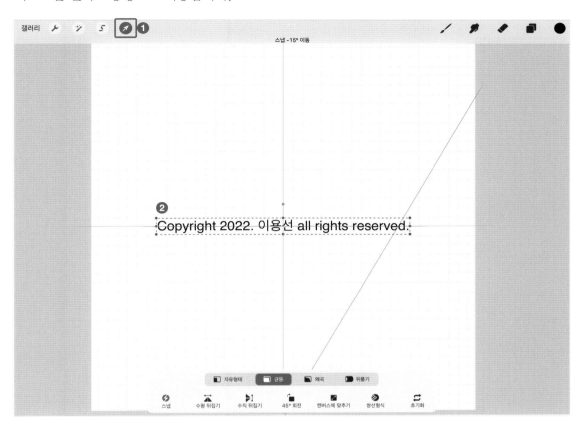

06 ❶ 레이어 ▣를 터치하고 ❷ 텍스트 레이어를 터치해 선택합니다. ❸ [아래 레이어와 병합]을 터치해 [레이어 1] 레이어와 병합합니다. 텍스트 레이어를 빈 레이어와 병합하면 레스터화되며 이미지처럼 편집할 수 있습니다.

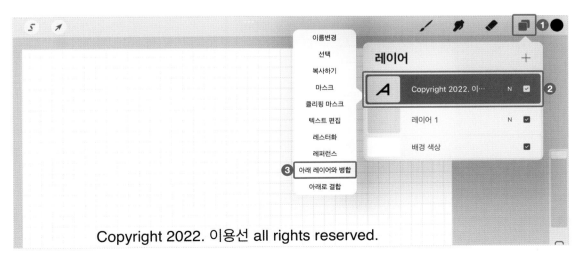

07 소스로 사용하기 위해 이미지를 저장해보겠습니다. ❶ 동작 🔧 을 터치한 후 ❷ [공유]−[PNG]를 터치합니다.

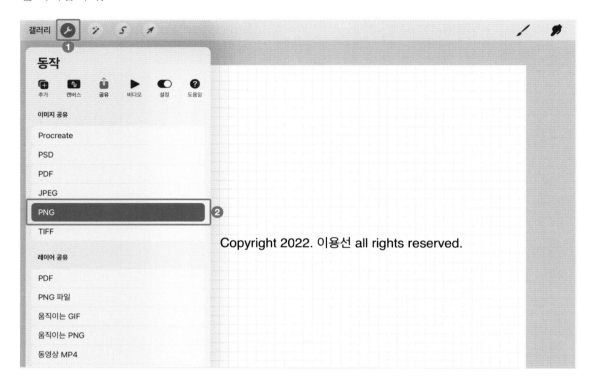

08 사진을 모양 소스로 불러올 수 있으므로 [이미지 저장]을 터치해 저장합니다.

09 스탬프 브러시를 빠르게 만들려면 스탬프 형식의 기본 브러시를 복제해 사용하는 것이 좋습니다. ❶ 브러시 ✏를 터치하고 ❷ [물] 브러시 세트−[물방울]을 복제합니다.

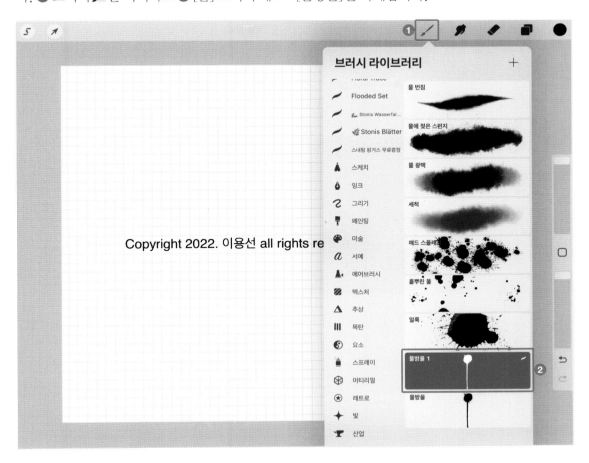

10 ❶ 복제된 브러시를 한 번 더 터치하여 브러시 스튜디오로 진입합니다. ❷ [모양]을 터치한 후 ❸ [모양 소스]−[편집]을 터치합니다.

11 [모양 편집기]가 나타나면 ❶ [가져오기]를 터치하고 ❷ [사진 가져오기]를 터치해 앞서 저장한 저작권 표시 이미지를 불러옵니다.

12 ❶ 두 손가락으로 터치해 이미지의 색상을 반전합니다. ❷ [완료]를 터치합니다.

13 ❶ [모양 소스]가 적용되면 [속성]을 터치한 후 ❷ [최대 크기]의 값을 높여 브러시 크기를 조정합니다.

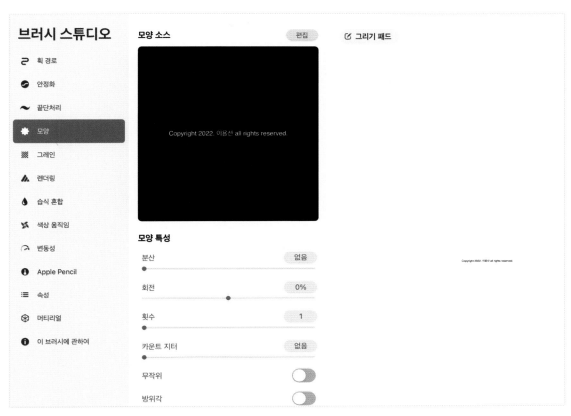

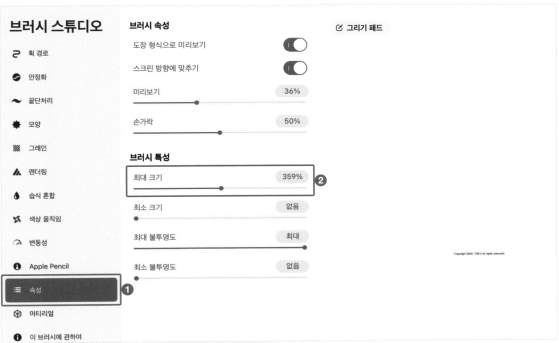

14 ❶ [이 브러시에 관하여]를 터치하면 브러시 이름이나 제작자 정보 등을 입력할 수 있습니다. ❷ 브러시 정보를 입력한 후 ❸ [완료]를 터치해 스탬프 브러시를 완성합니다.

15 스탬프 브러시는 펜슬의 필압으로 크기를 조절할 수 없습니다. 따라서 브러시 크기를 따로 조절해 사용합니다.

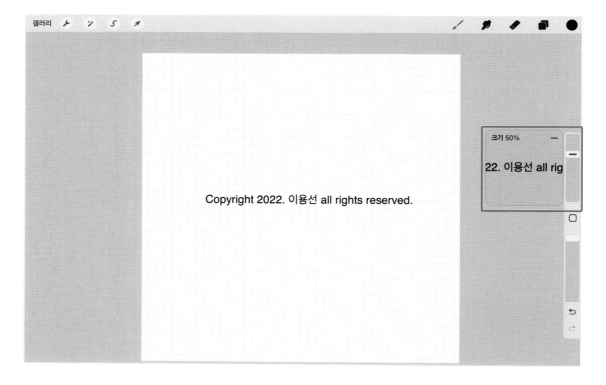

스탬프 브러시 세트로 활용하기

다양한 형태의 스탬프 브러시를 만들어두면 여러 가지 작업에 유용하게 사용할 수 있습니다. 간단한 그림을 그리고 이를 모양 소스로 활용해 스탬프 브러시를 제작합니다.

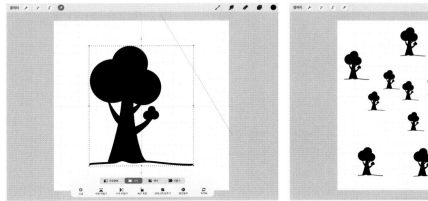

같은 주제의 다양한 모양으로 브러시를 제작해 브러시 세트로 만들어두면 그 활용도가 훨씬 높아집 니다.

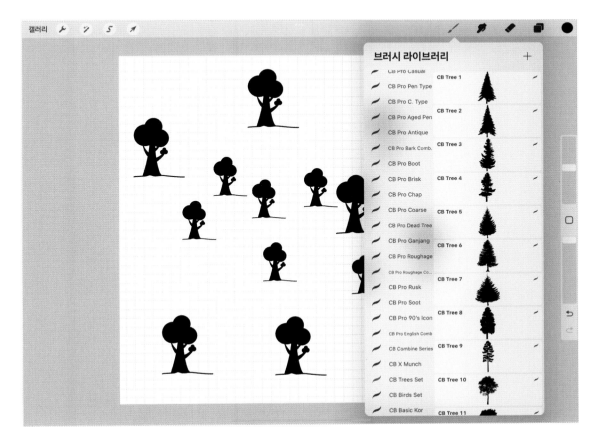

특별부록

문장 쓰기
연습

브러시 설정을 잘 확인하면서 다양한 문장을 연습해봅니다.

예제 폴더의 PDF 파일을 인쇄해서 아날로그 캘리그래피로 써보는 연습을 할 수도 있습니다.

 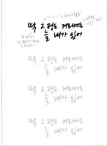   

문장 쓰기 연습 특별부록의 모든 문구는 2022년 진행된 문구 공모전에서 모집된 문구입니다.

준비 파일 | 문장 쓰기 연습 부록\저는 당신이 행복했으면 좋겠어요.procreate

강조

저는 당신이

→조사는 작게

행복했으면 좋겠어요

→중심
잡기

강조

저는 당신이
행복했으면 좋겠어요

저는 당신이
행복했으면 좋겠어요

저는 당신이
행복했으면 좋겠어요

CB Pro Pen Type 3

• 브러시 종류 | [CB Pro Pen Type]–[CB Pro Pen Type 3]
• 브러시 크기 | 15%

점을 찍다 보니 인생이란 명작이 그려졌다 | 고건희 님

☝ **준비 파일** | 문장 쓰기 연습 부록\점을 찍다 보니 인생이란 명작이 그려졌다.procreate

→ 흘림 형태 유지

점을 짜다 보니

→ 전체적으로 덩어리감이 느껴지게!

형태 유지 ←

6인생이란

→ 연결

명작이 그려졌다—

↘ 열린 자음 받침으로 point

점을 짜다 보니
6인생이란
명작이 그려졌다—

 CB Pro Pen Type 3

• 브러시 종류 | [CB Pro Pen Type]-[CB Pro Pen Type 3]
• 브러시 크기 | 15%

그 모든 일이 지나도, 하늘은 푸르렀다 | 구현지 님

준비 파일 | 문장 쓰기 연습 부록\그 모든 일이 지나도, 하늘은 푸르렀다.procreate

모음을 분리

굵기 차이를 활용

그 모든 일이 지나도,
하늘은 푸르렀다 →중심!

그 모든 일이 지나도,
하늘은 푸르렀다

그 모든 일이 지나도,
하늘은 푸르렀다

그 모든 일이 지나도,
하늘은 푸르렀다

CB Pro Ganjang 7

- 브러시 종류 | [CB Pro Ganjang]–[CB Pro Ganjang 7]
- 브러시 크기 | 10%

느려도 괜찮아. 너만의 속도로 살아가도 돼 | 김림율 님

 준비 파일 | 문장 쓰기 연습 부록\느려도 괜찮아. 너만의 속도로 살아가도 돼.procreate

흘림으로
적용
→ 모음 분리

**느려도 괜찮아,
너만의 속도로
살아가도 돼**

→ 브러시 특징인
특유의 갈라짐

오말
줄말 ←

→ 전체적으로
필압적용

느려도 괜찮아,
너만의 속도로
살아가도 돼

느려도 괜찮아,
너만의 속도로
살아가도 돼

CB Pro Ganjang 7

- 브러시 종류 | [CB Pro Ganjang]-[CB Pro Ganjang 7]
- 브러시 크기 | 10%

다시, 단조로워져라 다시. | 박곰이 님

준비 파일 | 문장 쓰기 연습 부록\다시, 단조로워져라 다시.procreate

획기차를 통한
강조

다시, 단조로워져라
다시.

→글귀에 맞게
획을 단순화

크기를
다르게하여
강조

다시, 단조로워져라
다시.

다시, 단조로워져라
다시.

다시, 단조로워져라
다시.

- 브러시 종류 | [CB Pro English Combine]−[CB Pro English Clr]
- 브러시 크기 | 10%

하늘이 있어 편안했고 바다가 있어 포근했네 | 장상근 님

준비 파일 | 문장 쓰기 연습 부록\하늘이 있어 편안했고 바다가 있어 포근했네.procreate

→ 문장이 길 수록
중심이 중요

하늘이 있어 편안했고
바다가 있어 포근했네

□→ 수도

→ 네 군데 포인트가 잘 보이도록
옆의 조사를 약하게 처리

하늘이 있어 편안했고
바다가 있어 포근했네

하늘이 있어 편안했고
바다가 있어 포근했네

하늘이 있어 편안했고
바다가 있어 포근했네

• 브러시 종류 | [CB Pro English Combine]−[CB Pro English Clr]
• 브러시 크기 | 10%

👆 **준비 파일** | 문장 쓰기 연습 부록\그 어느 순간에도 당신은 아름답습니다.procreate

크기를 다르게

→캐주얼한 캠페인 스타일

그 어느 순간에도
당신은 아름답습니다

→자칫 상투적일 수 있는 문구는
 조금 가볍게 써보는 것도 좋아요

그 어느 순간에도
당신은 아름답습니다

그 어느 순간에도
당신은 아름답습니다

그 어느 순간에도
당신은 아름답습니다

• 브러시 종류 | [CB Pro English Combine]–[CB Pro English Clr]
• 브러시 크기 | 10%

나를 위해서 사는 방법을 배우자 | 쏠스토리 님

🖌 **준비 파일** | 문장 쓰기 연습 부록\나를 위해서 사는 방법을 배우자.procreate

→줄기차이

나를 위해서 사는
방법을 배우자—

→사님이 b빨처럼
보이지 않도록
줄내림에 주의합니다—

강조←

↳획의 확장

나를 위해서 사는
방법을 배우자—

나를 위해서 사는
방법을 배우자—

나를 위해서 사는
방법을 배우자—

- 브러시 종류 | [CB Pro English Combine]—[CB Pro English Clr]
- 브러시 크기 | 10%

빛바랜 작별 후 싱그런 새 출발 | 이광원 님

✍ **준비 파일** | 문장 쓰기 연습 부록\빛바랜 작별 후 싱그런 새 출발.procreate

가로 획들의
기울기 통일

빛 바랜 작별 후
싱그런 새 출발

분위기
전환을 위한
크기의 변화

'ㄹ' 이
연속되면
같은 톤 안에서
변화를 줘요

빛 바랜 작별 후
싱그런 새 출발

빛 바랜 작별 후
싱그런 새 출발

• 브러시 종류 | [CB Pro Pen Type]–[CB Pro Pen Type 3]
• 브러시 크기 | 15%

아프지 않고 무사히 보낸 하루도 행복이다 | 조성아 님

👆 **준비 파일** | 문장 쓰기 연습 부록\아프지 않고 무사히 보낸 하루도 행복이다.procreate

아프지 않고
무사히 보낸 하루도
행복이다~

→ 'ㅎ'의 다양화

전체의
주도는 ♡ 형상화

→ 획의 확장으로
꾸며줍니다~

아프지 않고
무사히 보낸 하루도
행복이다~

아프지 않고
무사히 보낸 하루도
행복이다~

- 브러시 종류 | [CB Pro Pen Type]−[CB Pro Pen Type 3]
- 브러시 크기 | 15%

착하게 살면 행복한 어른이 되는 줄 알았어 | 혜이디 님

🖐 **준비 파일** | 문장 쓰기 연습 부록\착하게 살면 행복한 어른이 되는 줄 알았어.procreate

→ 전체적으로
필압을줄여 일정하게

착하게 살면

획을 나눠
아이가 쓴
느낌을 살림

행복한 어른이

되는 줄 알았어 → 글씨가 삐뚤빼뚤 해도
중심이 맞으면 읽기 편해요

↙
획이 많으면
크게

착하게 살면
행복한 어른이
되는 줄 알았어

착하게 살면
행복한 어른이
되는 줄 알았어

 CB Pro Pen Type 3

- 브러시 종류 | [CB Pro Pen Type]–[CB Pro Pen Type 3]
- 브러시 크기 | 15%

딱 그 정도 거리에는 늘 내가 있어 | 문진아 님

🖐 **준비 파일** | 문장 쓰기 연습 부록\딱 그 정도 거리에는 늘 내가 있어.procreate

딱 그 정도 거리에는 늘 내가 있어

→ 'ㄱ' + 'ㅡ'는 숫자 2 활용!

→ ㄱ 가로획 기울기 잡심!

획 확장은 한 문장에 최대 두 번정도!

딱 그 정도 거리에는 늘 내가 있어

딱 그 정도 거리에는 늘 내가 있어

딱 그 정도 거리에는 늘 내가 있어

CB Pro Pen Type 3

- 브러시 종류 | [CB Pro Pen Type]–[CB Pro Pen Type 3]
- 브러시 크기 | 15%

당신을 만난 다음 페이지는 항상 설렘입니다 | 최한철 님

👆 **준비 파일** | 문장 쓰기 연습 부록\당신을 만난 다음 페이지는 항상 설렘입니다.procreate

→ 흘림이 자연스러운
브러시 특성을 살려보세요

**당신을 만난 다음 페이지는
항상 설렘입니다—**

흘림을
모티브로 한
연결

→ 획 확장

크기, 굵기 강조

당신을 만난 다음 페이지는
항상 설렘입니다—

당신을 만난 다음 페이지는
항상 설렘입니다—

당신을 만난 다음 페이지는
항상 설렘입니다—

• 브러시 종류 | [CB Bck 2 Bsc Sp]−[CB Back 2 Basic 5 * Sp3]
• 브러시 크기 | 10%

잘하는 것보다 좋아하는 것이 많아요 | 융즈 님

👆 **준비 파일** | 문장 쓰기 연습 부록\잘하는 것보다 좋아하는 것이 많아요.procreate

획이 많으면
↗ 글자를 크게써요

'ㅁ' 세로 획을
↑ 같은 방향으로

잘하는 것보다
좋아하는 것이 많아요

↓

받침 'ㅅ'을
획을 나눠 꾸밀수
있어요

잘하는 것보다
좋아하는 것이 많아요

잘하는 것보다
좋아하는 것이 많아요

잘하는 것보다
좋아하는 것이 많아요

CB Back 2 Basic 5 * Sp3

- 브러시 종류 | [CB Bck 2 Bsc Sp]–[CB Back 2 Basic 5 * Sp3]
- 브러시 크기 | 10%

당신도 행복했음 좋겠습니다 | 김문정 님

📦 **준비 파일** | 문장 쓰기 연습 부록\당신도 행복했음 좋겠습니다.procreate

→ 실제 작업이라면
나 ♥ 정도가
추가되어도 좋겠습니다.

덩어리감
유지! ←

당신도
행복했음
좋겠습니다

→ 상업 캘리 느낌을 살려
카드 한 켠에 쓰여진 컨셉입니다

당신도
행복했음
좋겠습니다

당신도
행복했음
좋겠습니다

- 브러시 종류 | [CB Bck 2 Bsc Sp]–[CB Back 2 Basic 5 * Sp3]
- 브러시 크기 | 10%

사랑한다면 그 사람의 세계로 걸어 들어가라 | 윤은미 님

준비 파일 | 문장 쓰기 연습 부록\사랑한다면 그 사람의 세계로 걸어 들어가라.procreate

영화 또는 드라마
포스터에서 볼 법하는 컨셉

가로,세로 획의
기울기 주의!

사랑한다면
그 사람의 세계로
걸어 들어가라—

획이 적지만
주목을 위해
'사'를 크게

통일감을
위한 확장!

사랑한다면
그 사람의 세계로
걸어 들어가리—

사랑한다면
그 사람의 세계로
걸어 들어가리—

- 브러시 종류 | [CB Bck 2 Bsc Sp]–[CB Back 2 Basic 5 * Sp3]
- 브러시 크기 | 10%

가장 완벽한 날들, 당신과 함께이고 싶어요 | 이가현 님

준비 파일 | 문장 쓰기 연습 부록\가장 완벽한 날들, 당신과 함께이고 싶어요.procreate

다양한 높낮이로
리듬감을 더해줘요

**가장 완벽한 날들,
당신과 함께이고 싶어요**

힘을 빼고
써보세요

브러시 특징인 거친 획이
자연스럽게 보입니다.

가장 완벽한 날들,
당신과 함께이고 싶어요

가장 완벽한 날들,
당신과 함께이고 싶어요

가장 완벽한 날들,
당신과 함께이고 싶어요

가장 완벽한 날들,
당신과 함께이고 싶어요

- 브러시 종류 | [CB Pro Boot]−[CB Pro Boot 1]
- 브러시 크기 | 5%

행복이 소복소복 쌓이는 오늘이길 | 찬별캘리_이현주 님

👆 **준비 파일** | 문장 쓰기 연습 부록\행복이 소복소복 쌓이는 오늘이길.procreate

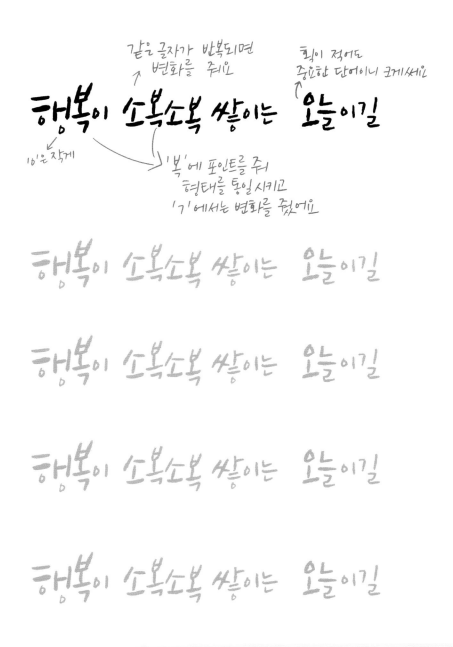

- 브러시 종류 | [CB Pro Boot]–[CB Pro Boot 1]
- 브러시 크기 | 5%

나는 그대처럼 사랑받는 사람이 되고 싶어요 | 김성인 님

📎 **준비 파일** | 문장 쓰기 연습 부록\나는 그대처럼 사랑받는 사람이 되고 싶어요.procreate

문구 분위기에 맞게
날아가는 뾰족한 획보다
묵직한 획으로 완성해요

나는 그대처럼
사랑받는 사람이 되고 싶어요

좁은 공간에 넣지말고
글씨를 키워보세요

반침의
형태 변화는
좋은 꾸밈 요소입니다.

나는 그대처럼
사랑받는 사람이 되고 싶어요

나는 그대처럼
사랑받는 사람이 되고 싶어요

나는 그대처럼
사랑받는 사람이 되고 싶어요

• 브러시 종류 | [CB Pro Boot]-[CB Pro Boot 1]
• 브러시 크기 | 5%

온 세상 구름만큼 행복하길 | 우승현 님

🖐 **준비 파일** | 문장 쓰기 연습 부록\온 세상 구름만큼 행복하길.procreate

온 세상 구름만큼 행복하길 → 중심!

'ㅇ'은 가늘게

연쪽으로 나오는 'ㅁ'은 다양하게 써요

온 세상 구름만큼 행복하길

온 세상 구름만큼 행복하길

온 세상 구름만큼 행복하길

온 세상 구름만큼 행복하길

CB Pro Boot 1

• 브러시 종류 | [CB Pro Boot]–[CB Pro Boot 1]
• 브러시 크기 | 5%

예제 파일 다운로드

이 책에서 사용하는 모든 예제 파일과, 브러시, 팔레트는 한빛출판네트워크 자료실에서 다운로드할 수 있습니다.

01 아이패드에서 '카메라 📷' 앱을 실행한 후 아래의 QR코드를 촬영하면 나타나는 링크로 접속합니다.

> **▶ 예제 파일 다운로드**
>
> 오른쪽의 QR코드를 촬영하거나 사파리 브라우저로 아래 링크에 접속하면 예제 파일을 다운로드할 수 있습니다.
>
> • 링크 | www.hanbit.co.kr/src/11102

02 한빛출판네트워크 홈페이지가 나타나면 [다운로드]를 터치해 예제 파일을 다운로드합니다.

03 다운로드한 파일은 아이패드 '파일 📁' 앱의 [다운로드]에서 확인할 수 있습니다. 압축을 해제한 후 사용합니다.

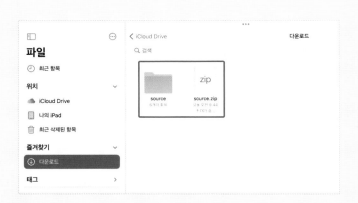